프로세스
씽킹

Process thinking
프로세스 씽킹

문제 해결의 기술

강재성 지음

이콘

■ 차례

'프로세스 씽킹' 강의에 앞서 _ 6

제1강 창의 & 논리 레시피 _ 17

　　문제 해결의 기술 19 | 창의 & 논리 24 | 수평 사고 & 수직 사고 27
　　논리 퀴즈 문답 32 | 문제해결의 KSA 38 | 전략적 사고 접목하기 47
　　守, 離, 破를 통한 차별화 51 | '제문해결'과 프로세스 씽킹 58 | 제약 극복하기 63

제2강 상황 분석 레시피 _ 69

　　숲을 먼저 보는 환경 분석 71 | 상황 분석과 전략 79 | 전략적 문제 해결 83

제3강 문제 분석 레시피 _ 89

　　문제 정의하기 91 | 문제 뜯어보기 97 | 논리의 나뭇가지 103
　　첩보를 정보 지식으로 106 | 가상의 해결안, 가설 112

제4강 원인 & 대안 레시피 _ 117

　　원인 분석은 압축의 미학 119 | 해결 방안 도출하기 125
　　참여형 리더의 문제 해결 130

제5강 의사결정 레시피 _ 135

　　의사결정 따라하기 137 | 의사결정 트리 148 | 응집력과 집단 사고 154
　　그룹 다이내믹스 158 | 패러독스의 통합 162 | 윈윈을 위한 공감적 의사결정 168

제6강 창의력 레시피 _ 175

　　창의의 에베레스트 오르기 177 | 상상력과 발상의 전환 183
　　아이디어의 분출과 확산 187 | 감수성 & 상상력 & 탐구정신 196
　　창의성을 제약하는 편견 200 | 창의 프로세스 따라하기 205

제7강 직관력 레시피 _ 209

　　가치의 혁신 211 | 직관적 혁신 사례 215 | 직관의 활용과 습관화 220
　　균형 있게 머리 쓰기 224

제8강 실행력 레시피 _ 233

　　유비무환의 장래 문제 분석 235 | 목표! 실천! 몰입! 239 | 실행 결과 되돌아보기 247

강의를 마치면서 _ 254

부록 문제 해결 워크시트 _ 257

　　문제 해결 프로세스 주요 포인트 259 | 문제 해결 워크시트 결과 예시 260
　　전략적 문제 해결 프로세스 271

'프로세스 씽킹' 강의에 앞서

안녕하십니까? '더 컨설팅'의 강재성입니다. 바쁘신 분들을 지면으로나마 이렇게 만나 뵙게 되어 매우 기쁩니다. 여러분들은 그 동안 문제 해결 강의에 참가해본 적이 있으신지요? 처음엔 '문제 해결이 왠지 딱딱하고 부담스러울 것 같다'고 얘기하는 분들도 있지만, 강의를 마칠 때면 새로운 통찰력을 얻게 되고, 나의 실제 문제에 적용해 해결의 실마리를 찾아가는 흥미진진한 과정이었다고 평가하는 분들이 많습니다. 이 책을 읽으신 후에도 그런 피드백들을 함께 나눴으면 하는 기대를 가져봅니다.

현재의 나는 지금까지 내가 해온 문제 해결의 결과입니다.

이 세상에 문제가 없는 조직은 없습니다. 우리 인생의 어느 순간도 문제가 없던 적이 없습니다. 이렇게 문제가 중요하고 우리가 그 속에 파묻혀서 생활하면서도 누구도 '문제'라는 것에 대해 진지하게 대응하려고 하지 않는 것은 정말 이상한 일입니다. 가정이나 학교, 어디에서도 문제의 의미나 대응하는 사고법, 또는 해결 프로세스에 대해서 가르치거나 강조하지 않습니다. 그러다 사회생활이나 조직 생활에서 갑자기 문제의 홍수에 맞닥뜨려 허우적거리게 만드는 현실이 너무나 안타깝습니다. 우리가 숨 쉬고 생활하는 활동 모두가 문제 해결의 과정입니다. 나와 동떨어진 특정 전문 분야 사람들만 취급하는 주제가 아니라 나를 둘러싸고 있는 익숙한 내 인생의 한 부분이라는 절박한 느낌으로 문제 해결을 대할 필요가 있습니다. 결국 오늘의 문제 해결은 내일의 내 인생과 연결되어 있는 중요한 이슈인 것입니다.

인류의 역사는 문제 해결 & 창의력의 역사입니다.

우리는 갈등과 의사결정의 고민 속에서 하루에도 100여 개 이상의 문제 해결을 하면서 살아간다고 합니다. 아담과 이브가 선악과를 따 먹느냐 마느냐의 문제에 접했을 때부터 시작해서 인류의 역사는 문제를 해결하고 극복해온 문제 해결의 여정이었다고 해도 과언은 아닙니다. 인류는 불이나 도구를 활용해 환경을 극복하거나 꿈을 실현해 비행기나 잠수함을 개발하면서 다른 동물과는 전혀 다른 진화 과정을 거쳐왔고, 사회생활이나 조직 생활을 통해서 개인이나 집단의 경쟁력을 강화하기 위한 문제 해결 활동을 전개해왔습니다. 이 과정에서 무수한 발명과 발견, 통찰과 직관의 창의적 솔루션들이 끝

없이 창조되어왔고, 이러한 창의력의 큰 획들이 거대한 흐름을 만들어 인류 문명의 새로운 지평을 열고 찬란한 유산들을 축적해왔습니다.

모든 삶은 근본적으로 문제 해결입니다.

우리가 조직 생활을 하면서 접하는 문제는 크게 보면 '일'과 관련된 문제와 '사람'과 관련된 문제로 나눌 수 있습니다. 대체로 스트레스를 더 받는 쪽은 사람의 문제 쪽이겠지만 문제 해결의 프로세스는 공통으로 적용될 수 있습니다. 아마도 사람 간의 문제는 기본적인 문제 해결의 프로세스에 신뢰, 갈등, 협상, 경청, 화술, 영향력, 피드백, 유연성, 동기부여 등의 대인 관계 스킬이 추가적으로 적용될 것입니다. 에이드리안 맥도너는 '경영 과정의 중심은 문제 해결'이라고 규정하면서 '조직 경영이란 해결해야 할 문제의 모임이고, 그 해결은 선택된 가장 적합한 인재에게 문제를 할당함으로써 이루어지고, 가장 적합한 인재란 최소의 정보량으로 최선의 의사결정을 할 수 있는 사람'으로 정의하고 있습니다. 그래서 철학자 카를 포퍼는 경영뿐 아니라 '모든 삶은 근본적으로 문제 해결'이라고 말했던가 봅니다.

그 동안 많은 문제 해결 강의를 진행해왔습니다. 다양한 관점들과 프로세스를 활용해 문제를 해결하도록 하고 핵심 포인트들을 전달하다보면 참가자들이 전과 다른 통합적인 시각에서 문제를 해결해 가는 모습들을 볼 수 있습니다. 그리고 교육을 마치고, 자신의 문제를 문제 해결의 프로세스에 따라 적용한 사후 과제 리포트를 받아보면 교육의 효과와 보람을 느낍니다.

문제 해결은 '프로세스 씽킹' 입니다.

문제 해결은 '프로세스'이고 '흐름' 입니다. 프로세스적 사고방식으로 접근하면 적용이 쉽고 잘잘못의 파악이 쉬울 뿐 아니라, 누락이나 중복을 방지할 수 있고 학습이 용이해집니다. 그래서 그 동안 문제 해결 프로젝트의 경험과 강의를 통해서 함께 나눴던 내용들을 하나의 큰 흐름을 갖는 표준 프로세스로 정리해보았습니다. 프로세스란 '인풋에 가치를 추가해 아웃풋을 생산하는 활동'으로 정의될 수 있습니다. 시간 축, 역할 축, 가치 연쇄 축을 전향적으로 표현해서, 각각의 프로세스에 에너지의 집중 효과가 나타나고 피드백을 통해 보완되면서 자동화된 시스템으로 정착되도록 만드는 것이 프로세스의 목표입니다. 따라서 문제 해결 프로세스를 적용함으로써 기존의 활동을 '추가적인 가치가 부가되는 활동'으로 레벨 업 시키시길 기대합니다.

'프로세스 씽킹'은 엄격한 프로세스를 고수하자는 뜻이 아닙니다. 모든 일에는 순서가 있듯, 잘하는 사람들의 공통적인 절차를 표준화해서 함께 공유해보자는 것입니다. 하지만 논리나 전략적인 측면에만 중점을 두지 말고, 창의적이고 직관적인 프로세스도 똑같은 중요도를 두면서 활용하자는 것입니다.

논리의 벌(bee)처럼, 창의의 파리(fly)처럼 사고하십시오.

휜 유리병의 뚜껑을 열어놓고 병 아래쪽에 빛을 비춘 상태로 벌 한 마리를 넣으면 벌은 병을 탈출하지 못하고 밝은 병 아래쪽만 긁다가 그 안에서 죽고 만다고 합니다. 밝은 쪽이 바깥쪽이라는, 아이큐 8 정도의 지각 수준 때문이라고 합니다. 반면 파리 한 마리를 넣으면 파리는 이리저리 부딪치고 시도하다가 얼마 안 있어 병을 탈출한다고 합니다. 우리가 벌 정도의 지식이나 경험 수준을 가지고 특정 방식만 고수하는 것보다는 논리건, 창의건, 전략이건, 직관이건 가능한 방법을 시도해서 문제를 해결하는 것이 더 중요할지도 모릅니다. 우리의 직관조차도 우리 경험과 상식의 귀한 산물이기 때문에 충분히 가치가 있는 자산인 것입니다.

사실, 문제 해결에는 우리의 지식과 기능을 바탕으로 분석적인 프로세스를 전개하고 끈기 있게 탐구하는 벌과 같은 태도도 필요합니다. 아마도 논리적인 프로세스에 해당된다고 볼 수 있을 것입니다. 아울러 엉뚱할지라도 새로운 아이디어를 계속 내고 유추, 편승, 발전시키면서 시도하는 파리와 같은 자세도 필요할 것입니다. 파리는 창의, 직관, 시도의 의미로 볼 수 있을 것입니다. 대체로 문제 해결을 논리적인 프로세스로만 이해하는 경향이 있는데 창의적인 프로세스도 절반의 비중을 가지고 있다고 봅니다. 강하게 부딪치면서 시도해야 스파크의 별빛을 볼 수 있지 않을까요?

논리, 창의, 전략, 직관은 각각의 프로세스를 가지고 있으면서, 전체 프로세스 내의 한 부분에 해당될 수 있습니다. 그리고 문제의 성격에 따라 전체 프로세스를 밟지 않아도 될 사안은 약식(short form)으로 적용하거나 카페테리아 식으로 필요한 개별 개념(one point lesson)만 활용하면 될 것입니다. 프로세스는 순환적인 사고를 갖는 것이므로 리듬감과 흐름을 타면서 체크리스트로 활용해도 효과를 볼 수 있습니다. 우리가 접하는 문제의 유형이 워낙 다양하기 때문에 프로세스적 접근을 거치기만 하면 해답을 찾을 수 있다고 단정할 수는 없습니다. '프로세스 씽킹'이라는 만병통치의 기계에 넣으면 각종 문제의 해답이 자판기 커피처럼 튀어나오지는 않는다는 의미입니다. 복잡다단한 문제 해결 과정을 헤쳐가는 와중에 프로세스적인 접근 방식을 추가할 때 문제 해결에 실제적인 도움을 받거나 해결 확률을 높일 수 있다고 보는 것이 적절할 것입니다. 그리고 '씽킹'은 우리가 갖고 있는 생각의 관점이나 세상을 보는 안목이면서 사고의 방법입니다. 사고법 역시 태생적으로 타고나는 것도 있지만, 누구나 학습 가능하고 개발 가능하다는 점을 잊지 마시기 바랍니다.

문제 해결은 바로 스킬입니다.

저는 개인적으로, 실용적이고 실체가 있는 교육이 가치가 있다고 생각해왔습니다. 그래서 기술적이고 실무 적용이 용이한 '일'과 관련된 문제 해결에 집중해왔습니다. 그러나 조직 생활을 하면서 사람의 문제가 더 심각한 결과를 야기할 수 있다는 생각이 들었고, 인간의 변화나 인성 계발이 병행되지 않으면 근본적인 문제 해결이 어려울 수도 있다는 결론에 도달하게 되었습니다. 문제 해결에 임하는 여러분들도 일과 사람, 논리와 창의, 개성과 통합 등 균형 있는 시각으로 문제와 대면할 것을 권합니다. 결국 문제 해결은 카츠(R. Katz)가 구분한 기술적 능력, 대인관계 능력, 개념화 능력 모두를 활용해야 하는 종합 예술이라고 보는 것이 타당할 것입니다.

도처에 많은 문제 해결 기법들이나 해설서가 있지만 하나의 종합적인 흐름을 가진 실전적으로 활용 가능한 자료가 거의 없다는 점에 아쉬움을 느껴왔습니다. 이는 아마도 이 영역이 아직은 든든한 학문적인 토대를 가지고 있지 못하기 때문인 것으로 보입니다. 문제 해결은 실제 조직생활이나 일상생활에서 가장 필요한 내용임에도 학교에서 가르쳐주지 않는 콘텐츠이기 때문에 교과서적인 관점에서 실무 매뉴얼처럼 활용될 수도 있도록 구성하였습니다. 강의 전체의 흐름을 개괄적으로 둘러본 후에, 개인적으로 부족하다고 생각되는 프로세스를 집중적으로 학습하는 것이 효과적인 방법일 것입니다.

문제 해결은 '일 잘하는 법' 입니다.

문제 해결은 직장의 일과 개인의 일상사에 모두 적용할 수 있지만 적용 범위가 넓고 성공 체험을 쉽게 경험할 수 있는 곳이 우리가 하는 일의 영역에서라고 할 수 있습니다. LG그룹에서는 낭비를 제거하고 성과를 창출하기 위한 전사적 활동으로 '일 잘하는 법(일명 일잘법)'을 전개하고 있습니다. '일 잘하는 법'은 '낭비는 죄악이고, 현재가 최악이며, 현재 방식이 최악'이라는 전제 하에서 불필요한 절차의 낭비와 고객 기대 수준 미충족의 낭비를 제거하기 위하여, 현장주의에 입각해 근본 원인을 파악한 후 지혜를 결집해 재발 방지책을 수립하는 활동을 말합니다. '일'이란 '부가가치를 창출하는 활동'이고 '잘하는' 것은 '쉽고 빠르게, 더 좋게, 돈 안 들이고, 끊임없이 낭비를 제거하는 것이고 '법'은 '누구나 반드시 따라해야 하는 문서화된 표준'으로 정의되고 있습니다. 각종 문제 해결 기법을 적용해 '일을 더, 더, 더, 잘하는 법'을 고안해 전략적 조직 목표를 작성하는 활동이 바로 우리가 얘기하는 프로세스 씽킹, 즉 문제 해결 그 자체인 것입니다.

문제를 맘껏 요리할 수 있는 창의적인 나만의 레시피를 만드십시오.

이 책의 내용은 문제 해결이라는 '오늘의 특별 메뉴'를 요리하기 위한 조리 비법입니다. 문제가 해결되었을 때의 기쁨이 맛있는 음식을 만들어 대접할 때의 즐거움보다 크긴 하겠지만, 함께 만들고 함께 나누는 즐거움도 인생의 가장 큰 즐거움 중 하나일 것입니다. 그런데 어떤 음식이든 요리할 수 있는 표준 레시피를 갖고 있다면 손님 접대를 앞둔 요리사의 고민이 반 이상 해결될 수 있지 않을까요? 우리가 어떤 문제든 능수능란하게 요리할 수 있는 레시피를 가지고 정해진 순서와 용법대로 한 단계, 한 단계 요리해나가면 보기 좋고 맛 좋은 명품 요리를 만들어낼 수 있을 것입니다. 문제와 부대끼고 씨름하거나 몰래 몰래 레시피를 보면서 요리를 만드는 초보 수준을 넘어, 레시피를 머릿속에 숙지해서 다양하게 적용하다 보면 기존 레시피를 뛰어넘는 창의적인 신 메뉴의 창조도 가능하지 않을까요? 그리고 창의성이 가미된 나만의 레시피들이 축적되다보면, 문제 해결 자체가 요리 시간처럼 즐거워지면서 남들에게 놀라움을 주는 서프라이즈 파티가 날마다 가능하지 않을까요? 공자께서도 '아는 자는 좋아하는 자만 못하고, 좋아하는 자는 즐기는 자만 못하다(知之者 不如好之者, 好之者 不如樂之者)'고 말씀하셨습니다. 문제 해결이 즐겁고 다이내믹한 요리 시간처럼 느껴질 수 있도록 이 '문제 해결 비전(秘傳)'을 창의적으로 활용해보시기 바랍니다.

흔히 아동교육이나 학교교육은 'pedagogy'라고 합니다. 반면 성인교육은 'andragogy'입니다. 아이들 교육은 가끔은 교육적인 목적에 의해서는 패야 하기 때문(?)에 '패다-고지'이고, 성인 교육은 말을 안 들어서(?) '안들어-고지'라고도 합니다. 성인들은 지식과 경험이 있다고 생각하면서 다른 사람들의 얘기를 잘 받아들이지 않아서인가 봅니다. 하지만 효과적인 성인 교육은 '시너-고지(synergogy: 상교학습)'의 효과가 큽니다. 내가 가지고 있는 지식이나 경험은 한계가 있기 때문에 다른 사람들의 간접 경험을 더해서 나의 통찰력을 키워갈 수 있기 때문입니다. 직접 얼굴을 대면하지는 않지만 이 책을 통해 저나 다른 사람들의 경험과 접하면서 교학상장(敎學相長)의 즐거움도 함께 나누었으면 합니다.

전의(戰意)에 불타서 절박하게 부딪칠 때 문제 해결의 빛을 보게 됩니다.

문제 해결의 바다에 풍덩 빠져야 문제의 나락에서 빠져 나올 수 있습니다. 절박하게 배수진을 치면 세상이 달리 보입니다. 심지어 창의력도 노력과 인내의 소산이라고 하지 않습니까? 헝그리하고 정정당당하게 정면 대결을 불사하면 예상치 못했던 나의 포스(force)를 확인할 수 있습니다. 높은 목표의식으로 무장한 후 몰입해서 방안을 찾고 과감하게 실행할 때만이 그 인고의 보상으로 새로운 개화(開花)를 경험할 수 있을 것입니다. 빠져야만 빠져나올 수 있는 것입니다.

위기 돌파와 혁신 활동의 본질은 문제 해결입니다.

우리의 인생 자체가 문제 해결의 과정이고 조직 생활 역시 문제 해결 활동들의 집합체입니다. 평소에 인정받고 일 잘하는 법이 문제 해결이기도 하지만 특히, 위기 상황에서 더 중요해지는 스킬이 바로 문제 해결입니다. 위기 상황에 처하게 되면 한계 돌파를 위한 활동들을 전개하는데 그 활동의 본질이면서 가장 기본적인 도구가 되는 것이 바로 문제 해결입니다. 전사적인 혁신 활동을 전개하면 많은 프로젝트 팀이 생겨나고, 그 팀들이 모여서 하는 작업들이 다름 아닌 문제 해결 활동입니다. 결국 위기 때 더욱 각광을 받으면서 빛을 보게 되는 능력이 문제 해결 능력이고, 그 바탕에는 창의적인 마인드가 자리하고 있다고 할 수 있을 것입니다.

직장인들이나 취업 준비생들에게는 그 동안의 강의를 통해서 어느 정도 중요한 내용으로 검증되었지만, 강의에서 만나는 분들은 제 한적이기 때문에 많은 일반인들이 문제 해결의 프로세스를 생활에 적용해본다면 많은 분들께 문제 해결의 즐거움을 선사해드릴 수 있고, 아울러 사회적 효율성도 제고될 수 있지 않을까 하는 생각에서 책을 내게 되었습니다. 문제 해결 강의에 참가했던 많은 분들의 평가를 생각해볼 때, 감히 이 책자의 독자 여러분들도 의미 있는 강의 내용으로 평가해주실 것을 기대하면서 지금부터 문제 해결 강의를 시작하겠습니다.

문제 해결, 문제없다!
다 함께 유쾌한 문제 해결의 세계로, 출발~

제1강

창의 & 논리
레시피

문제 해결의 기술

창의 & 논리

수평 사고 & 수직 사고

논리 퀴즈 문답

문제해결의 KSA

전략적 사고 접목하기

무, 難, 簡를 통한 차별화

'셀프해결'과 프로세스 씽킹

제약 극복하기

문제 해결의 기술

> 나는 하늘로부터 가난한 것, 허약한 것, 못 배운 것, 세 가지 은혜를 받았다. 가난 때문에 부지런해졌고, 허약한 몸 때문에 건강에 힘썼으며, 초등학교 중퇴 학력 때문에 세상 사람들을 모두 스승으로 여겨 배우는 데 힘썼다.
> **마쓰시타 고노스케**

문제 해결 능력은 타고나는 것인가?

"신은 인간이 풀지 못할 과제를 내려 주시지는 않는다"는 말이 있다. 우리가 살면서 접하는 수많은 문제들은 해결 과정을 통해 우리들에게 새로운 통찰을 주기 위해서 존재하는 것이 아닐까?

'사느냐 죽느냐 그것이 문제로다'라고 했던 햄릿의 독백처럼 우리는 날마다 버거운 문제와 씨름하면서 하루하루를 살아간다. 생사의 문제보다 더 절박한 문제는 없겠지만 우리가 접하는 문제들도 제법 만만치는 않다. '모든 삶은 근본적으로 문제 해결이다'라는 카를 포퍼의 정의처럼 삶을 문제 해결의 과정으로 받아들인다면 무수한 시련 앞에서 우리는 좀더 담대해질 수 있지 않을까?

"저 회사 문제가 있어" "저 친구 문제 있어"라는 말은 우선 커다란 부담으로 우리에게 다가온다. 해결해야 하는 호락호락하지 않은 문제에 직면했을 때 숨이 막히고 백척간두에 선 듯한 막막한 느낌을 갖게 되지만, 다른 한편으론 팽팽한 긴장감으로 전의에 불타기도 한다. 우리가 얼마나 상황을 절박하게 느끼고 문제 속으로 빠져드느냐에 따라 문제 해결의 가능성은 달라진다.

그렇다면 문제 해결 능력은 개발되는 것일까? 물론 문제 해결 능력은 타고나는 사람들이 없는 것은 아니지만, 문제 해결의 지식과 기능과 태도(KSA)를 연마한다면 누구나 발전시킬 수 있는 기능적 측면이 강한 활동이다.

LG 그룹의 경우 매년 혁신적인 문제 해결 프로젝트 사례 발표회를 갖는데 이를 '스킬 올림픽'이라고 한다. 문제 해결 활동은 개발 가능한 기능적인 활동이라는 인식을 구성원들에게 알리려는 목적도 동시에 가지고 매년 개최되고 있다.

전해 내려오는 '선비와 사공'의 이야기를 함께 생각해보자.

나룻배를 타고 가던 한 선비가 노를 젓고 있는 사공에게 물었다.
"자네는 시를 지을 줄 아는가?"
"모릅니다."
선비가 혀를 차며 다시 물었다.

"그럼 공맹의 가르침은 아는가?"

"모릅니다."

"그럼 글을 읽을 줄은 아는가?"

"모릅니다."

선비는 측은하다는 듯 고개를 저으며 말했다.

"아니, 그럼 대체 어떻게 세상을 산단 말인가?"

그때 배가 암초에 부딪혀 뒤집히고 말았다. 사공이 물었다.

"선비님께서는 헤엄칠 줄 아십니까?"

"아니, 못하네."

"그럼 선비님은 죽은 목숨입니다."

우리가 세상을 살아가는 데는 지식도 중요하지만 기능적인 스킬이 때론 더 중요할 수도 있다. 문제를 해결하는 데도 지식과 경험을 기반으로 하고 그 위에 기능적인 숙달이 더해질 때 현명한 문제 해결자가 될 수 있다.

문제의 유형이나 접근 방식에 따라 체계적이고 정교한 프로세스를 학습하고 경험을 쌓아가면 자신도 모르게 문제를 해석하고 해결하는 능력이 자라고 있음을 느끼게 된다. 게다가 문제 해결은 직장에서뿐만 아니라 가정이나 나의 일상사에까지 광범위하게 적용할 수 있으며, 평생 활용할 수 있는 귀중한 자산이 되기도 한다. 사실, 인생을 살아간다는 것 자체가 문제 해결의 기나긴 여정이 아닐까?

문제 해결 능력을 개발한다는 것은 인생을 살아가는 데 가장 유용한 무기를 머릿속에 암묵지로 넣고 다니는 뿌듯한 즐거움이 아닐까?

그러면 평소 문제 해결에 대한 나의 인식은 어떤 편인지 아래 항목에 답해보자.

문항	전혀(1점)	별로(2점)	보통(3점)	약간(4점)	매우(5점)
수동적으로 주어진 문제를 해결하기보다 적극적으로 문제를 찾아내는 편이다.					
커다란 문제에 직면해도 좌절하지 않고 전향적으로 문제와 맞부딪쳐 해결에 임한다.					
문제가 발생될 때 남보다 빠르고 정확하게 그 원인을 찾아내는 편이다					
문제가 생긴 뒤의 사후 처리보다 문제 발생을 미리 예상하여 사전 방지에 힘쓰고 있다.					
불평과 불만을 말하기보다는 해결 가능한 대안을 생각하는 편이다.					
골치 아픈 일을 뒤로 미루기보다는 과감하게 시도하는 편이다.					
문제가 풀리지 않아도 집요하게 매달리고 몰입하는 편이다.					
나의 관심 분야에 대해 주변 사람들의 기대 수준보다 나의 기대 수준이 높은 편이다.					
현실에 편안하게 안주하기보다는 새로운 변화를 택하는 편이다.					
다른 사람과 생각과 행동이 다르다고 해도 심리적 안정을 잃는 경우는 거의 없다.					
합계					
나의 총점					

* 진단 결과: 45 이상 탁월, 40~45 우수, 35~40 보통, 35 이하 취약

그러면 본격적인 문제 해결의 장으로 들어가기 전에 내가 최근에 행했던 문제 해결의 사례를 생각해보고 다음 질문에 답해보자.

- 최근 가장 고민했던 문제 해결의 사례는 어떤 것이 있었는가?
- 그 문제 해결은 올바르게 진행되었는가?
- 그 문제 해결은 적절하고 신속하게 수행되었는가?
- 문제 해결의 결과가 제대로 실행되고 있는가?
- 적절한 사람들이 적절한 방식으로 참여했는가?
- 문제 해결에서 다음이 명확했는가?
- 누가 해결안을 제시하였는가?
- 누가 정보를 제공하였는가?
- 누가 최종 결론을 내렸는가?
- 누가 실행하고 책임지게 되어 있었는가?
- 문제 해결의 프로세스와 시간 상황은 고려되었는가?
- 전 과정에서 적절한 사실에 근거한 문제 해결이 진행되었는가?
- 다른 사실, 다른 의견의 정도, 다른 시각의 접근이 허용되었는가?
- 문제 해결 책임자가 조직 내 적절한 위치에 있었는가?
- 조직의 평가 기준이나 인센티브는 사람들이 올바른 문제 해결을 하도록 유도하고 있는가?

창의 & 논리

우리가 가장 두려워해야 할 것은 우리 자신의 무능력이 아니다. 그건 바로 헤아릴 수 없을 만큼 엄청난 우리의 영향력이다.
넬슨 만델라

　　문제 해결의 사고방식은 크게 논리적 사고와 창의적 사고로 구분된다. 논리적 사고는 논리적 체계나 절차에 의한 문제 해결적 접근으로, 예를 들면 불량품이 발생하거나 고객의 불만, 사고의 발생, 이익의 저하 등 어떤 문제가 발생함에 따라 원인을 파악하여 해결해야 할 때 주로 사용하는 방식이다. 반면 창의적 사고는 새로운 시장 개척이나 신상품 개발, 서비스 개선, 이미지 변화 등 향후 예상되는 문제에 대비해 대응 방안을 강구할 때 주로 활용하는 접근 방식이다.

　　논리적 사고의 문제들은 '이것이 문제다'라고 문제의 소재가 비교적 명확하고, 분석·연역·귀납 등 수렴적 방식으로 해결 과정을 거쳐 정답이 나오게 되고, 그 해결책이 시간이 가도 변하지 않는 것이 특징이다. 반면 창의적 사고를 요하는 문제들은 문제의 소재가 명확하지 않으면서 확산적 사고에 의해 해결 방안을 모색하는 과정이다. 그 결과, 답이 여러 개 나올 수도 있고 나름대로 어느 것이나 옳을 수도 있으며 상황에 따라 계속 변할 수도 있다는 특징을 가지고 있다.

대체적으로 하나의 문제를 해결해가는 프로세스 상에서 상황 분석, 문제 정의, 문제 구조화, 원인 분석 등 앞부분의 프로세스에는 논리적 사고법이 주로 많이 활용되고 해결안의 도출이나 장래 문제의 분석, 실행 계획의 추진 등 후반부에는 창의적 사고법이 좀더 많이 활용된다고 볼 수 있다.

광의로 보았을 때, 논리적 사고의 범주 안에는 우리가 흔히 전략적 문제 해결이라고 말하는 접근법이 포함될 수 있다. 반면, 창의적 사고의 범주 안에는 직관적인 문제 해결의 영역이 포함될 수 있다. 그리고 일을 잘하기 위해서는 체계적인 논리가, 사람과의 관계에는 유연한 창의적 사고법이 적용되면서 해결의 단서를 찾아가게 되는 경우가 많다.

우리가 어린 시절에는 논리나 절차보다는 창의나 감성 위주의 사고를 하게 되지만, 교육을 받고 사회생활을 해가면서 논리의 지배를 점점 강하게 받게 된다. 신입사원들에 비해 직장 생활을 오래한 사람들일수록 창의적 사고가 현저히 떨어진다는 사실을 직장인 대상의 강의 현장에서 확인할 수 있다. 논리 측면이 지나치게 강조되면 고정화된 고지식한 이미지가 강해지고, 창의 측면만 강해지면 어린아이 같은 유아적 성향이 강하게 보이게 된다. 따라서 논리적 사고와 창의적 사고를 균형 있게 활용하는 것이 문제 해결의 확률을 가장 높일 수 있을 뿐 아니라 일상생활에서도 안정감을 보일 수 있다. 물론 두 가지 사고의 수준 모두를 높은 수준으로 레벨 업 시켜야 하는 것은 당연하다.

일반적으로 성격 유형 검사를 해 보았을 때, 주도 전제형이나 신중 분석형은 논리성이 좀더 강하고 표출 사교형이나 우호 안정형은 유연성이 상대적으로 높은 것을 알 수 있다. 따라서 나의 성격도 고려해서 상대적으로 약한 특성을 강화할 필요가 있다. 그런데 성격이나 가치관, 세상을 보는 관점은 꾸준히 변화하기 때문에 그 변화에 맞춰서 강점을 강화하고 약점을 보완하는 노력을 계속해야 할 것이다.

우리가 논리적 사고나 창의적 사고의 특정 부분에 지나치게 치우쳐 있을 경우, 계획을 세우고 개선에 힘씀으로써 균형감을 어느 정도 회복할 수 있다. 논리적 사고나 창의적 사고를 강화하기 위한 실습이나 마인드에 대한 학습과 훈련이 더 많은 중요성을 갖는 이유가 여기에 있다.

수평 사고 & 수직 사고

> 지식보다는 상상력이 더욱 중요하다. 나는 결코 이성적인 사고 과정 중에 커다란 발견을 이룬 적이 없다.
> **앨버트 아인슈타인**

우리는 종종 수평적 사고방식과 수직적 사고방식으로 생각의 유형을 구분하기도 한다. 수직적 사고방식이 주로 논리적 사고의 범주라면 수평적 사고방식은 창의적 사고에 가깝다. 에드워드 드 보노 박사가 쓴 『수평적 사고방식』이라는 책의 서문에는 이런 예화가 나온다.

옛날 런던의 한 상인이 고리대금업자로부터 막대한 돈을 빌려 쓰고는 갚지 못해 감옥에 가야 할 상황에 처해 있었다. 늙고 못생긴 고리대금업자는 상인의 꽃 같은 딸에 눈독을 들여 한 가지 흥정을 제안했다. 만

일 그의 딸을 자신에게 주면 빚을 없애주겠다는 것이었다. 그러면서 고리대금업자는 상인과 딸 앞에서 만사를 하늘에 맡기자며 제비를 만들었다. 작은 자루 속에 흑과 백, 두 개의 돌을 넣고 딸이 그 중 하나를 꺼내는데, 검은 돌을 꺼내면 자신의 아내가 되고, 흰 돌을 집어내면 빚도 탕감하고 자유롭게 해주겠다는 것이었다. 이 제안을 거부하면 상인은 감옥에 가야 했으므로 어쩔 수 없이 제안에 동의했다.

그러자 빚쟁이는 작은 돌들이 많이 깔려 있는 상인의 집 앞마당에서 두 개의 돌을 집어 자루에 넣었다. 눈치 빠른 딸이 보니 두 개의 검은 돌을 몰래 집어넣는 것이었다. 그러고는 운명을 결정지을 돌을 선택하라고 재촉하기 시작했다.

고르는 것을 거부하거나, 둘 다 검은 돌이라고 밝히면 결국 상인은 감옥에 가야 하고, 검은 돌을 꺼내 아버지를 위해 자기를 희생하면 끔찍한 고리대금업자와 평생을 살아야 한다. 당신이 불행한 상인의 딸이라면 어떻게 하겠는가?

우리는 일반적으로 한 우물을 계속 파 들어가는 방식으로 사고를 하면서 단계적으로 문제의 본질에 접근해간다. 그런데 이와 대비해서 수평적 사고방식이란 한마디로 해결 가능성이 높은 여러 개의 우물들을 파보면서 가장 적당한 우물을 찾아가는 방식이다. 즉, 깊은 하나의 우물적 사고보다는 얕은 여러 개의 우물적인 사고인 것이다.

드 보노 박사에 의한 결론은 "상인의 딸이 우선 자루 속에서 하나의 돌을 꺼내서 갑자기 자갈밭에 그 돌을 떨어뜨린 후, 자루 속에 남은 돌이 검은 돌임을 확인하여 문제를 해결할 수 있다"는 것이다.

여러분은 8을 반으로 나누면 몇이 된다고 생각하는가?
다들 당연히 4라고 얘기할 것이다. 그러나 8을 가로로 반으로 나누면 0이고, 세로로 반으로 나누면 3이 된다. 이러한 발상이 수평적 사고의 발상이라고 할 수 있을 것이다. 어느 벤처기업의 입사 면접 문제를 하나 소개하기로 하자.

> 당신은 거센 폭풍우가 몰아치는 밤길에 운전을 하고 있다. 마침 버스 정류장을 지나치는데 그 곳에는 세 사람이 버스를 기다리고 있다. 죽어가고 있는 듯한 할머니, 당신의 생명을 구해준 적이 있는 의사, 당신이 꿈에 그리던 이상형. 당신은 단 한 명만을 차에 태울 수 있다. 어떤 사람을 차에 태워야 할까?

당신은 죽어가는 할머니를 태워 목숨을 구할 수도 있고, 의사를 태워 은혜를 갚을 수도 있다. 그러나 의사에게 보답하는 것은 나중에도 가능하지만 이 기회가 지나고 나면 이상형을 다시는 만나지 못할 수도 있다. 그래서 현실적으로 이상형을 차에 태우겠다는 솔직한 답변을 할 수도 있다. 경쟁자들을 제치고 최종적으로 채용된 사람이 써낸 답은 "의사 선생님께 차 열쇠를 드린다. 할머니를 병원으로 모셔다 드리도록. 그리고 난 내 이상형과 함께 버스를 기다린다"였다.

가끔씩 우리는 제약을 포기함으로써 더 많은 것을 얻을 수도 있다. 내가 가지고 있는 '틀을 깨고 생각하기'를 시작한다면 기대 이상의 좋은 결과를 얻을 수 있다. 창의적 사고법의 범주에 속하는 수평적 사고는 우리가 주로 활용하는 수직적, 논리적 사고가 해결하기 어려운 과제를 유연한 접근 방식으로 헤쳐나가게 하는 강력한 또다른 해법이 된다. 드 보노 박사는 두 가지 사고방법을 다음과 같이 대비하고 있다.

- 수직 사고는 순서를 따라 전개되고 수평 사고는 동시 병행적으로 전개된다.
- 수직 사고는 논리적이고 수평 사고는 자극적, 도발적이다.
- 수직 사고는 범주를 분류하는 명칭이 고정되어 있고 수평 사고는 고정되어 있지 않다.
- 수직 사고는 특정의 목적 지향이고 수평 사고는 특정 현상을 벗어나는 데 중점을 둔다.
- 수직 사고는 각 단계에서 잘못을 범하지 않아야 하지만 수평사고는 최종 단계에서 잘못만 없으면 된다.
- 수직 사고는 가장 논리적인 사고 경로를 추구하지만 수평 사고는 어떤 경로도 시도할 수 있다.

- 수직 사고는 관련이 없는 것을 배제하고 사고를 진행하지만 수평 사고는 옆길로 벗어나는 것을 환영한다.
- 수직 사고는 좌뇌적 사고이고 수평 사고는 우뇌적 사고이다.

논리 퀴즈 문답

모든 원인은 하나 이상의 결과를 낳는다.
허버트 스펜서

자, 그럼 논리 사고의 세계로 들어가면서 워밍업으로 몇 가지 실습을 해보기로 하자.

논리 퀴즈 1: 어느 교도소에서

어느 교도소에 A, B, C, 세 명의 재소자가 수감되어 있었는데 C는 장님

이었다. 어느 날 교도관이 흰 모자 두 개와 파란 모자 세 개를 가지고 와서 한 가지 제안을 했다. 다섯 개의 모자 중에서 눈을 감은 상태에서 세 개의 모자를 각자의 머리에 씌운 후 남은 두 개의 모자는 치우고 눈을 뜨게 한 후 자기 머리 위에 쓰고 있는 모자의 색깔을 맞추면 사면시 켜주겠다는 것이었다. 각자는 다른 사람의 모자는 볼 수 있지만 자기 머리 위에 씌워진 모자의 색은 볼 수가 없는 상황이었다.

교도관은 먼저 A에게 모자 색을 묻자 A는 B, C의 모자를 둘러본 후 '자신의 모자 색을 모르겠다'고 대답했다. 그 다음 B에게 모자 색을 물었는데 B도 A와 C의 모자를 둘러본 후, A의 얘기를 생각해보고 고민하더니 '모르겠다'고 대답했다. 그리고 나서 장님인 C에게 모자 색을 물었는데 C는 '~ 색'이라고 자기 모자의 색을 맞추고 교도소에서 풀려났다. C의 모자 색은 무슨 색이고, 그 이유는 무엇인가?

자, 이제 당신의 논리 컴퓨터를 로딩해보자. 다섯 개의 모자는 흰 모자 두 개와 파란 모자 세 개이다. A, B가 자신들의 모자 색을 몰랐던 이유는 무엇일까? 먼저 A가 모자 색을 알 수 없었던 이유는 B와 C가 둘 다 흰 모자를 쓰고 있지 않았기 때문이다. B가 몰랐던 이유도 역시 A, C가 흰 모자와 파란 모자, 또는 둘 다 파란 모자를 쓰고 있었기 때문인데…….

그럼, B와 C가 쓸 수 있는 모자의 조합을 생각해보자. 생각할 수 있는 경우의 수는 ① 둘 다 흰 모자, ② B는 파란 모자이고 C는 흰 모자, ③ B는 흰 모자이고 C는 파란 모자, ④ 둘 다 파란 모자, 이 네 가지 경우밖에는 없다. 이 중 ①의 경우였다면 B가 자신의 모자가 파란 색이라는 것을 알았을 테니까 성립되지 않는다. ②의 경우도 B가 볼 때 C의 모자 색이 흰 색이기 때문에 자신의 모자는 파란 색일 수밖에 없다는 것을 알았을 테니까 역시 성립되지 않는다. 이 문제의 상황은 ③과 ④일 수밖에 없고 이 경우 C의 모자 색은 항상 파란색이 된다. 만약 A, B, C 세 사람의 조합을 생각해본다면 ③과 ④의 경우에 A의 모자 색이 흰색과 파란색 모두가 가능한 아래 네 가지 조합이 되고 이 네 가지 경우는 모두 이 상황을 만족시키면서 C는 항상 파란색인 것이다.

A	B	C
흰	흰	파란
파란	흰	파란
흰	파란	파란
파란	파란	파란

논리의 세계는 차갑고 냉정하다. 맞고 틀리고가 명확할 뿐 아니라 다른 경우가 발생할 수도 없고 앞으로 변할 가능성도 전혀 없다. 위

의 문제에도 다른 조합이 나오는 것은 결코 불가능하다. 우리가 어떤 논리적 사고를 동원해서 문제를 해결하는지, 평소에 어떤 훈련과 경험을 통해 이러한 사고법을 연마해왔는지에 따라 해결의 속도나 이해도가 달라질 것이다.

논리 퀴즈 1: 천칭 달기

구슬이 8개가 있는데 그 중 하나 무거운 구슬이 섞여 있다. 천칭을 두 번 달아서 무거운 하나의 구슬을 가려내려면 어떻게 달아야 할까?

답은 '우선 3개씩 단다'이다. 천칭이 한 쪽으로 기울면 기우는 쪽 3개의 구슬 중 2개를 달아서 비교한다. 3개씩 단 구슬이 수평이면 남은 2개를 비교해보면 된다. 조금 난이도를 높여보자.

이번엔 12개의 구슬이 있다. 그런데 그 중 하나가 무겁거나 가볍다. 천칭을 3번 이내로 달아서 무겁거나 가벼운 하나의 구슬을 어떻게 가려낼 것인가?

이 문제는 좀더 복잡한 논리적 사고를 요구한다. 12개의 구슬을 4개씩 구분해 처음에 4개씩 달아본다. 수평일 경우에는 처음 달았던 8개 중 3개의 구슬과 달지 않았던 4개의 구슬 중 세 개를 달아서 비교해보면 된다. 이때 평형이 되면 달지 않은 하나의 구슬이 가볍거나 무거운 구슬이고, 한 쪽이 기울면 두 번째 달았던 세 개의 구슬 중 두 개를 비교해보면 된다.

○○○○　●●●●　□□□□
❶ ○○○○ : ●●●●
❷ ●●● : □□□
❸ □ : □

그런데 첫 번째 달았던 4개씩의 구슬에서 한 쪽이 기울었다면 그 여덟 개 중에 무겁거나 가벼운 한 개의 구슬이 있는 것이다. 이때는 한 쪽 구슬을 나누어 재고 나머지 구슬은 하나씩 배치한다. 이렇게 재었을 때 평형이면 재지 않은 나머지 ●●에 문제의 구슬이 있게 되고,

❶ ○○○○ < ●●●●(↓ 기움)
❷ ○○● = ○○●(평형)
❸ ● : ●

기운 상태가 유지되면 위치가 바뀌지 않았던 쪽의 ○○이 가볍거나 ●이 무거운 것이다. 그러면 ○○를 비교해봐서 평형이면 ●가 문제의 구슬이고 기울면 가벼운 쪽이 문제의 구슬이 되는 것이다. 한번 곰곰이 경우의 수를 확인해보면 이해가 될 것이다.

❶ ○○○○ < ●●●●(↓ 기욺)
❷ ○○● < ○○●(↓ 기욺)
❸ ○ : ○

논리적 사고를 요하는 문제들은 체계적이고 분석적인 접근을 일차적으로 요구한다. 답은 명확하고 확률이 들어설 자리가 없을 뿐 아니라 논리의 비약이나 사실에 입각하지 않은 추론도 역시 가능하지 않다. 합리적이고 상식적인 바탕 위에 치밀한 고민을 요구하는 것이 논리적 사고인 것이다.

문제 해결의 KSA

"라파르트, 현실에 뛰어들 때는 머리부터 빠지게. 자네가 현실에 뛰어든다는 건 곧 다시는 빠져나오지 않음을 의미하는 것이네. 나중에 자네도 역시 다른 사람에게 나처럼 말하게 될 걸세. 이보게, 친구. 비상구 같은 건 아예 염두에도 두지 말게. 현실 속으로 머리부터 풍덩 빠지게나."
빈센트 반 고흐, 「반 고흐, 우정의 대화」중에서

일반적인 학습의 프로세스를 살펴보면, 어떤 '자극'이 왔을 때 이를 '수용'하면 '지식'의 변화가 일어나고, '연습'을 통해서 숙달되면 '기능'의 변화가 일어난다. 이렇게 변화된 지식과 기능을 '적용'하면 '습관'이 형성되고 이러한 습관의 반복이 '태도'를 형성해 개인의 가치관으로까지 발전한다. 즉, 자극 → 수용 → 지식의 변화 →연습 → 기능의 변화 → 적용 → 습관 → 태도의 변화로 이어지게 된다.

훌륭한 문제 해결자가 되는 데에도 문제 해결적 지식(K: knowledge)과 기능(S:skill)과 태도(A: attitude)가 필요하다. 세 가지 요소가 모두 중요하겠지만 문제를 해결하려면 필요한 것을 먼저 알아야

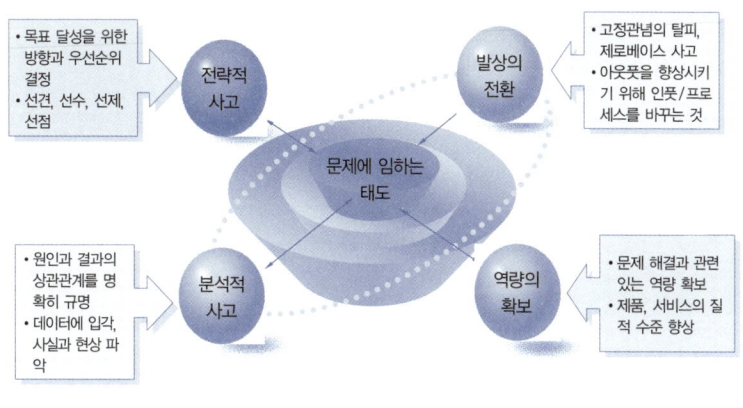

[그림1-1] 문제 해결적 사고와 태도

하므로 관련 지식의 습득이 우선적으로 필요하다. 그러고 나서는 아는 것을 기능적으로 할 수 있도록 하는 기술에 숙달되어야 하는데 이때는 다양한 사례 연구가 도움이 된다. 그 다음에는 알고 있는 지식과 할 수 있는 기능을 바탕으로 스스로 해결하려고 하는 태도로 적용해보고 착안점들을 파악해 습관화해야 문제 해결 능력이 강화될 수 있다.

지식, 기능적인 예로는 문제 해결에서 자주 활용되는 인과관계 다이어그램, 파레토 분석, 체크리스트 법, 프로세스 매핑, 벤치마킹, 노력 효과 매트릭스 등과 같은 기법, 그리고 문제 해결의 각종 프로세스, 변화 관리, 아이디어 발상, 우선순위의 선정, 갈등 관리, 커뮤니케이션 등에 대한 사례 연구와 실습 등이 망라될 수 있다. 사고나 태도의 측면에서는 발상의 전환, 전략적 사고, 분석적 사고, 역량의 확보 등을 들 수 있는데, 무엇보다도 밑바탕에는 목표의식을 갖고 몰입해서 실행하려는 자세가 견지되어야 한다.

사실, 문제를 해결해가려면 일상생활 중에서도 남다른 의문이나 호기심을 갖고 대안을 고려해보는 자세가 필요하다.

예를 들면, 술 먹은 다음날 물이 많이 마시고 싶은 이유는 무엇일까? 하품은 왜 하게 될까? 졸리면 왜 눈을 비빌까? 왜 여자들은 남자보다 더 빨리 말할 수 있을까? 목욕탕 욕조의 배수구는 왜 수도꼭지 밑에 있을까? 눈을 감지 않고 재채기를 할 수 있을까? 재채기와 기침은 무엇이 다른가? 미망인이 많으면 국가가 부강해진다는 영국 속담은 무슨 뜻일까? 같은 의문들이다.

술 먹은 다음날 물이 마시고 싶은 이유는 목젖의 수분 증발이 직접적인 원인이고, 하품은 뇌 속의 산소 결핍으로 인한 것이라고 한다. 졸릴 때 눈을 비비는 이유는 졸리면 우리 몸은 남은 에너지를 사용하지 않도록 신진대사가 억제되고, 그러면 일시에 손발이 따뜻해지면서 혈액이 피부 표면에 집결하게 되고 열이 방사되기 시작한다고 한다. 그러면 체온이 저하되고 눈물샘의 활동이 둔화되면서 눈물의 생산량이 감소되고 눈을 자주 깜빡거리게 되니까 눈을 자주 비비고 싶어진다고 한다. 재채기 할 때 눈을 감는 이유는 눈알이 튀어나오는 것을 방지하기 위한 것이고, 재채기와 기침의 차이점은 연속성이 있느냐 하는 데 있다고 한다. 여자들은 가성대를 많이 사용해서

성대에 힘이 덜 들어가기 때문에 쉬는 간격이 남성보다 더 길어서 더 빨리 얘기할 수 있다고 한다. 그리고 목욕탕의 배수구는 배수가 쉽도록 하기 위한 것과 배관 길이의 효율적 활용 때문이라고 한다. 또 영국의 많은 미망인들은 외로움을 달래기 위해 고양이를 길렀는데 고양이가 쥐의 침입을 막아 곡식이 잘 보존되었고 이를 먹은 아이들이 건강해졌기 때문에 국가가 부강해졌다고 한다.

문제 해결에도 의심과 호기심의 발동이 필요하고 이를 파악하거나 해결하기 위한 지식의 습득이 필요하다. 일상적인 독서의 생활화나 상식의 수준을 넓히는 것이 문제 해결의 초석을 다지는 활동이 되는 것이다.

몇 가지 OX 상식 퀴즈를 내보자.

- 로보트 태권 V는 태권도 3단이다.
- 단무지를 처음 만든 사람은 '다꽝'이다.
- 게는 어지러우면 옆으로 기지 않고 똑바로 걷는다.
- 세계에서 영화를 가장 많이 제작하는 나라는 인도이다.
- 머리와 얼굴의 구분 기준은 의학적으로 눈썹이다.
- 우리가 먹는 '김'은 '김' 씨에서 비롯된 용어이다.

여러분의 답은 어떠한가? 답은 모두 '맞다'이다. 하나하나 살펴보면, 로보트 태권V는 김청기 감독이 올림픽 국가대표 수준인 태권도 3단의 모션을 태권V에 입혀 제작했다고 한다. 돌개차기, 360도 회전 차기 등이 태권도 3단 수준의 기술인데, 이런 이유로 태권 V는 국기원으로부터 명예 3단 단증까지 받았다고 한다. 그리고 우리가 먹는 단무지는 일본 에도 시절에 '다꽝' 스님이 처음으로 만들어 가난한 사람들에게 나눠준 데서 유래됐다고 한다. 평소에 옆으로 기는 게는 빈 냄비에 담아서 어지럽게 돌린 후에 내려놓으면 똑바로 간다는 실험이 TV 프로그램인 〈스펀지〉에서 방영된 적이 있다. 세계에서 영화를 가장 많이 제작한 나라는 미국이 아니라 인도로 연간 약 800여 편이 제작되고 있다. 인도인들이 인구도 많을 뿐 아니라 워낙 영화를 좋아해서 인도에 가보면 많은 영화관과 늘어선 관람 인파를 볼 수 있다. 머리와 얼굴의 구분은 의학적으로 눈썹이라고 한다. 그러다 보니 이마는 얼굴이 아니라 머리가 되는 것이다. 김은 손이 많이 가는 여러 공정을 거쳐서 만들어지는데 고려시대 이전에는 없었던 음식이었나 보다. 역사적으로 고려 현종 때 처음으로 지금의 형태로 만들어져 임금님 수라상에 오르게 된다. 현종이 처음 보는 음식을 보고 '이게 웬 음식이냐?'고 묻자 '광양에 사는 김여익 공이 만들어 진상한 것입니다'라고 대답했다고 한다. 나중에 현종이 그 맛이 생각나서 김을 가져오라고 하려는데 이름은 기억나지 않고 성만 기억나다 보니 '김 아무개'가 보내왔던 음식을 가져오라고 하다가 '김'이란 명칭으로 굳어졌다는 얘기가 전해 내려오고 있다. 이렇듯 다양한 지식과 경험의 습득으로 문제 해결의 기초체력을 길러두면 응용력이 높아질 수 있다. 평소의 상식과 교양은 문제 해결의 중요한 디딤돌이 될 수 있다.

그리고 우리가 문제 해결의 프로세스를 밟아나가는 단계들에도 기능적 사고방식이 필요하다. 우선 문제를 정의하는 단계에서는 '가설 중심의 사고'를 활용할 필요가 있다. '가설 중심의 사고'란 무작정 필요한 모든 정보를 끌어내서 분석하기보다는 그 과정이나 결과·결론을 추정해서 사고하는 방식으로, 우리가 논문을 작성할 때 가설을 설정하고 이를 검증하는 것과 같은 절차라고 하겠다. 가설을 설정할 때는 자신이 가지고 있는 경험과 지식을 최대한 동원하되 가설은 언제든지 수정 가능하다는 유연한 생각을 가질 필요가 있다. 가설 설정의 기술은 반복해서 세워보고 수정하는 가운데 더 향상되며, 단순하게 "아마 ~이겠지" 하는 단편적인 사고방식은 위험을 초래할 수도 있다.

그런 다음, 문제를 분석하고 구성해나갈 때는 '사실 중심의 사고'를 가져야 한다. 이는 일상 업무에 나타나는 상식이나 편견에서 벗어나서 객관적 사실에서 출발하는 사고방식이다. 우리가 정보를 분석할 때에도, 발생된 정보(예: A가 갑자기 내 눈앞에서 자전거에 부딪혔다)인지, 발견된 정보(예: 무슨 일이 있었는지 모르겠는데 A가 쓰러져 있다)인지, 보고된 정보(예: A가 쓰러져 구급차에 실려 갔다고 한다)인지에 따라 정보의 수준이 다르다. 개인적 의견이나 의도를 갖지 않고 객관적 사실 자체를 보아야만이 정확한 문제 해결이 가능하다. 즉, 상식이나 과거 경험에서 벗어나 제로베이스에서 생각하면서 '사실'이 존재하는 상황을 직시하고 가능한 한 정량화하여 포착할 필요가 있다.

그리고 해결책을 찾는 과정에서는 '아웃풋 지향의 사고'가 필요하다. 이는 사전에 기대하는 결과를 명시하고 효과적, 효율적으로 달성하기 위한 방법을 구상하면서 행동에 옮기는 태도이다. 아웃풋이 명확하고 상호 합의가 되어 있다면 문제 해결 과정에서의 오류나 의견 불일치를 현저히 줄일 수 있고 실행안 수립까지의 시간을 단축할 수 있다. 그리고 전체적인 시야를 갖기 때문에 기대 수준에 접근

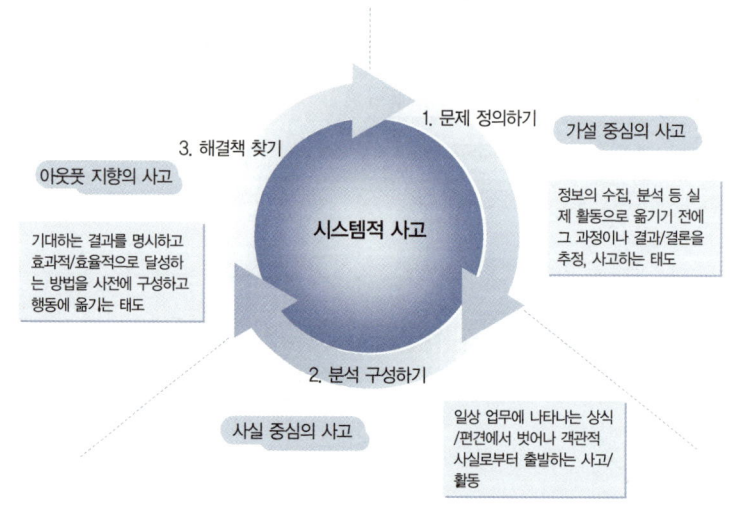

[그림1-2] 문제 해결의 시스템적 사고

하기가 용이해질 뿐 아니라 작업 초기에 전체 작업의 상당 부분을 완성하는 결과를 얻을 수도 있다. 아웃풋 중심의 사고를 프로젝트의 초기 단계에서 적용해보는 것도 문제 해결의 효율성을 높일 수 있다.

쉬어가는 페이지

성 공

그대가 어떤 것을 절실히 원한다면
그것을 위해 나가서 싸워라
낮으로 밤으로 일하라
그대의 시간과 평화와 휴식을 포기하라
그것만을 간절히 원한다면
미쳐야 한다
결코 지칠 줄 몰라야 한다
그 외 다른 모든 것은 천박하고 시시한 것이다
그것 없이는 생이 텅 빈 것 같고 가치 없게 느껴진다면
그대의 계획과 꿈이 모두 그것을 향해 있다면
애를 태워라
계획하라
신과 인간에 대한 두려움에서 벗어나라
모든 재능을 다해
모든 힘과 현명함으로
믿음과 희망과 자신감과 집요한 끈질김으로
진실로 그대가 원하는 것을 구하고자 한다면
냉혹한 가난, 굶주림과 수척함에도
육체의 질병과 정신의 고통도
절실히 원하는 것에서 그대를 떼어놓지 못하리라
지독하게 따라가서 완강하게 들러붙어
에워싸고 포위하면 마침내 얻을 수 있으리라!

Berton Braley, 'Thins as they are'

전략적 사고 접목하기

> 생각만으로는 아무것도 움직일 수 없다. 생각이 목표를 향하고 행동을 내포할 때 움직임이 있다.
> **아리스토텔레스**

문제 해결에 임해서는 전략적 관점을 유지하는 것이 매우 중요하다. 전략의 개념이나 기법들은 너무나 광범위하기 때문에 이를 간명한 모델로 구조화 해볼 필요가 있다. 전략적 관점은 첫 번째로 현재, 내부의 역량을 정확히 파악하는 것이 출발점이 된다. 현재, 내부의 역량을 파악하기 위해서 ① '지금 할 수 있는 것이 무엇인가(what can we do)?'에 대한 해답을 확인해보는 것이 필요하다. 그리고 이를 바탕으로 우리가 경쟁력을 유지하기 위해서 ② '무엇을 해야 하는가(what should we do)?'라는 질문을 통해 혁신적인 변화 과제를 파악해야 한다. 그런데 현재 내부의 축도 있지만 우리를 둘러싸고 있는 미래, 외부 기회의 축도 중요하게 고려됨은 당연하다. 따라서 미래, 외부의 기회 요인들을 보면서 ③'우리가 하고 싶은 것은 무엇인가(what do we want to do)?'를 정확히 알아야만 한다. 그러고 나서 우리가 이러한 미래의 기회를 포착함으로써 ④'궁극적으로 얻고자 하는 것은 무엇인가(what do we want to get)?'라는 질문을 통해서 우리의 목표, 미션, 비전 등을 명확히 하게 된다.

이러한 관점은 조직에만 적용되는 것이 아니라 개인 차원에서도 똑같이 활용될 수 있다. 개인의 경우도 '내가 지금 잘하는 것이 뭐지?' '나의 경쟁력을 유지하기 위해서 뭘 해야 하지?' '내가 진정으로 하고 싶은 것은?' '내가 도달하고자 하는 것은?' 이 네 가지 질

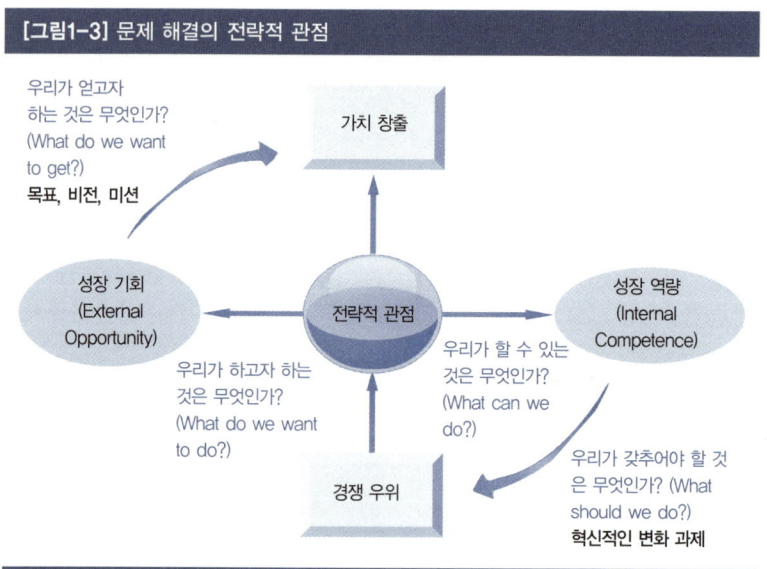

[그림1-3] 문제 해결의 전략적 관점

문에 대해 수시로 자문자답 해볼 필요가 있다. 외부의 환경은 늘 변하고 있다. 그렇기 때문에 네 가지 질문에 대한 답도 여기 상황에 맞게 수정되어야 한다. 늘 현 시점에 맞게 내용이 머릿속에 정리되어 있다면 누가 보아도 전략적으로 보일 것이다.

GE에서 혁신 활동을 하면서 활용되었던 개념 중의 하나가 '엘리베이터 스피치'이다. 예를 들어 회사 1층 로비에서 갑자기 사장님이나 나의 직장 생활에 중요한 영향력이 있는 임원을 만나 둘이 엘리베이터에 타게 되었다고 하자. 그리고 우리 회사의 사옥이 63빌딩쯤 된다고 하자. 약 1분여 엘리베이터를 타고 올라가는데 사장님이 "OOO 씨, 요즘 어떻게 지내나?"라고 묻는다. 가뜩이나 급하게 출근하는 중이었고 사장님과 둘이 있는 게 부담스러워 제대로 답변도 못하고 두서없이 둘러댔다고 치자. 사장님이 내리고 혼자 남았을 때 나는 어떤 느낌을 갖겠는가? 또 사장님은 내리면서 나에 대해 어떤 생각을 갖게 될까?

사장님이 물었을 때 "예, 저는 요즘 이런 작업을 추진 중입니다. 이 일이 예상대로 진행되면 우리 회사에 이런 효과가 기대됩니다. 그런데 특정 부분이 잘 안 풀려 지금 고민 중입니다. 장애를 극복할 방안들이 정리되면 결재 라인을 통해 보고 드리겠습니다. 참, 요즘 우리 직원들은 날마다 야근입니다. 시간 나실 때 한번 들러서 어깨라도 한번 두드려주시면 더 힘내서 일할 수 있을 것 같습니다." 이렇게 대답했다고 하자. 그럼 나 자신도 좋은 기회를 잘 활용했고 사장님도

뿌듯하게 생각하면서 나에 대한 인정의 수준을 높이지 않을까?

중요한 프로젝트를 맡고 있거나 리더의 역할을 하고 있을 때 나의 평가가 함께 일하는 모든 식구들의 성과까지 책임지고 있는 경우가 많다. 우리는 결재를 받으러 들어갈 때 별도로 보고할 사항은 다이어리에 메모해 보고한다. 오늘 만나고 며칠 후 언제 불시에 다시 만날지 모른다. 그때는 그 시점에서 정리된 얘기가 노타임으로 이어지면 된다. 그리고 사장님, 모 임원 등 신경 써야 할 분들이 여러 명일 경우 각각에 대응하는 메모를 가지고 있어야 한다. 처음엔 메모를 하는 것이 효과적이겠지만 이런 방식이 습관화되면 상황 정리가 머릿속에 실시간으로 되어 있음을 느끼게 된다. 이럴 때 나의 성과가 극대화되고 이것이 전략적 관점을 가지고 상황 분석이 되어있다는 반증일 것이다.

[그림1-4] GE의 엘리베이터 스피치

- 우리 과제의 목적은 _____ 에 관한 것입니다.
  (Here's what our project is about...)

- 우리 과제가 중요한 이유는 _____ 입니다.
  (Here's why it's important to do...)

- 우리 과제가 성공하게 되면 _____ 한 모습이 될 것입니다.
  (Here's what success will look like...)

- 우리가 당신으로부터 도움을 받고자 하는 것은 _____ 입니다.
  (Here's what we need from you...)

守, 離, 破를 통한 차별화

> 배는 항구에 있을 때 가장 안전하지만, 그것이 배의 존재이유는 아니다.
> 괴테

 중국 무협 영화의 비교적 흔한 스토리를 보면, 시작 장면에서 주인공의 집안이 악당 무사들에 의해 풍비박산 나 있고 주인공은 울분을 삼키며 복수를 다짐하는 장면이 나온다. 주인공은 자신이 지금 대적해도 소용이 없음을 깨닫고 봇짐을 맨 채 은둔의 고수를 찾아 산으로 향한다. 힘들게 산길을 올라 고수가 거주하는 곳에 이르러 제자로서의 예를 청하지만 쉽게 받아 주지 않는다. 이때 등장하는 고수는 술주정꾼이거나 괴짜일 경우가 많고 고수의 풍모를 보이지 않는 것이 특징이다. 주인공은 스승의 허락을 얻기 위해 며칠 밤낮을 꿇어 앉아 스승의 선처를 호소하게 되고, 어느 날 "너의 정성이

이 정도라면……" 하면서 제자로 받아 들여 가르침을 전수하기 시작한다. 수련 초기에는 스승의 몸짓, 각도, 강도, 속도 등 스승의 동작을 그대로 따라 하는 훈련 방식을 취하게 되는데 이것이 '지킬 수(守)'의 단계에 해당된다. 그러면서 장면은 사계절이 반복되고 시간의 경과와 함께 고통스러운 수련 과정이 파노라마처럼 전개된다.

어느 날 스승은 '너의 무공이 수준에 이른 것 같아 더 가르칠 것이 없으니 그만 하산하라'는 허락을 내린다. 그러면 이제 스승을 떠나 세상과 부딪힐 각오를 하면서 산사를 떠난다. 이 단계가 정석을 깨우치고 응용과정에 들어가는 '떠날 리(離)'의 단계에 해당된다.

세상에 돌아오니 악당의 무리는 큰 무도관 간판을 내걸고 호의호식하고 있고 주민들은 그들의 행패로 인해 더욱 힘겨운 생활을 하고 있다. 주인공은 무수한 강호의 무사들과 겨루면서 자기류의 응용 방식을 터득해 가게 되고 마침내 악당의 우두머리와의 마지막 승부에서 승리하게 된다. 그 동안 정석(守)과 응용(離)의 도를 터득한 후 자기만의 방식으로 무예를 집대성하는 단계가 '깰 파(破)'의 단계이다. 영화는 주인공의 이름이 걸린 무도관이 개관되고 주민들이 환호하는 것이 오버랩 되면서 해피엔딩으로 끝난다.

문제 해결의 과정에서도 문제 해결 고수들의 표준적인 프로세스를 습득하는 '守'의 단계와 적용, 응용하는 '離'의 단계와 나의 방식으로 집대성하고 꽃을 피우는 '破'의 단계를 거치게 된다. 정석의 습득과 실무 적용을 거쳐 자동화, 체질화, 습관화함에 따라 '문제 해결의 달인'으로 발전시켜 나가는 절차가 우직하지만 가장 빠른 접근 방식이라고 하겠다. 문제 해결뿐 아니라 저명한 의사들이나 유명 연주자들도 기본을 반복적으로 연습한 후에야 더 나은 자신의 스타일을 창조해나가는 모습을 볼 수 있다. 타고난 절대음감이 있는 사람들도 있겠지만 훈련을 통해 스킬이 연마되면서 어느 날 경지를 터득하게 된다는 법칙은 어느 영역에나 적용될 수 있다고 본다. 공병호 박사의 책 『명품 인생을 만드는 10년 법칙』을 보면, 특정 분야의 전문가가 되기 위해선 자신과 맞는 분야를 결정하고 마치 무의미한 일상이 흘러가듯 느껴지더라도 10년 정도 경험을 쌓아야 그 분야의 전문적 식견을 확보할 수 있다고 주장하고 있다.

우리의 일상생활과 문제 해결 스타일에 대해 생각해보자. 예를 들어, 장기간 출장을 떠나 있을 때는 안부를 묻기 위해 집에 전화를 하게 된다. 이때의 대화 내용을 인용해보자.

"나는 잘 있는데 집에는 별일 없지?"

"아뇨, 오늘 애가 다쳤어요."

"아니, 왜?"

"놀이터 미끄럼틀에서 놀다가 떨어져서 얼굴이 긁혔어요."

"어느 정돈데? 그래서 어떻게 했어?"

"상처가 깊은 것 같아 병원에 데려갔었어요."

"병원에선 뭐래? 또 오라고 해? 흉터는 안 남는대?"

흔히 있는 우리의 일상생활의 대화이지만 나름대로 문제 해결 방식을 따르고 있다. 먼저 '별일 없느냐'고 묻는 것은 '지금 상황 분석을 해 볼 때 내가 신경 쓸 일은 무엇인가'를 확인하는 과정이고, 아이가 다쳤다고 했을 때는 그 원인을 묻는다. 그러고 나서 '어떻게 의사결정을 했는가'를 묻고, '앞으로 문제가 없을지'를 확인한다. 크게 보면 상황 분석, 원인 분석, 결정 분석, 장래 문제 분석의 프로세스를 밟아서 일상사를 해결하는 방식인데, 의도한 절차는 아니었지만 우리는 이러한 순서로 사고를 전개하고 있다. 그런데 간단한 과제는 이 방식으로도 해결이 가능하겠지만, 복잡한 문제나 다양한 유형의 문제에 적용 가능한 대안을 찾으려면 이 방식이 어려울 때도 있다. 그래서 문제 해결이 우수했던 사람들의 사고나 절차를 표준화해서 일반인들도 유사한 수준으로 해결할 수 있도록 학습할 필요가 있고, 이러한 내용을 정리해놓은 것이 바로 문제 해결 프로세스인

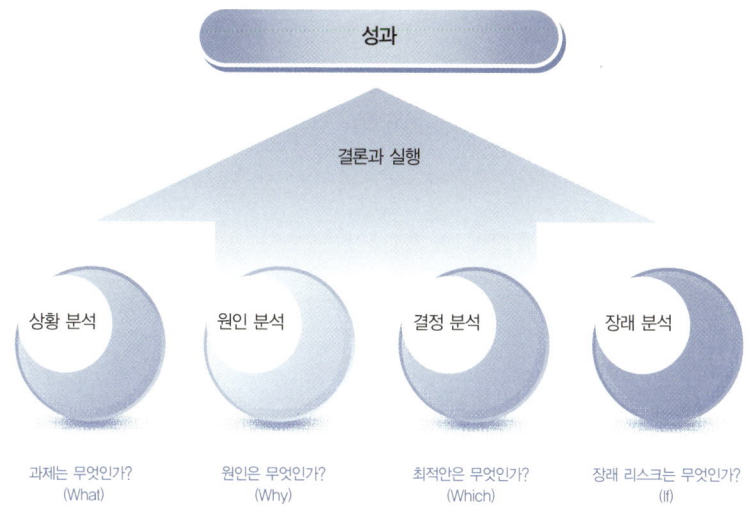

[그림1-5] 문제 해결(일상사)의 4영역

것이다.

인간의 역사는 질문을 제기하고 답을 찾는 과정에서 진화하고 발전해왔다고 해도 과언이 아니다. '무슨 일이 일어나고 있는가' 하는 것은 상황의 명료화로 질서와 우선순위, 어떤 행동이 성과로 연결되는지를 판단하는 것이다. '왜 이 일이 발생했는가' 하는 것은 인과 관계를, '어떻게 처리할 것인가'는 최적의 선택을, '앞으로 무슨 일이 일어날 것인가'는 장래 예측을 선명하게 해준다. 인류는 과거 상황 분석을 통해 닥쳐오는 홍수나 식량, 동물의 위험, 수렵 방법의 개선 등 환경 변화에 대응해왔고, 원인을 파악해가는 과정을 통해서 질병과 죽음, 자연 현상에 대한 해법을 구해왔다. 그리고 사냥을 어떻게 할 것인지, 맹수들로부터 어떻게 살아남을 것인지 등의 생존 방식을 결정하고, 닥쳐올 기근이나 한발·폭풍·겨울나기 등에 대비하면서 종족을 유지해왔던 것이다.

개인별로 문제 해결 스킬에는 차이가 있다. 따라서 문제 해결에 대한 학습은 '문제 해결에 효과가 있는 보약'을 한 재 먹는 것으로 생각해보면 어떨까? 내 몸이 건강해도 문제 해결 스킬의 보약을 먹고 더욱 왕성하게 문제를 해결하면 되고, 몸이 허약하다면 이 보약을 통해 부족한 부분을 메워서 문제 해결에 건강 체질로 만들어나가면 될 것이다. 어쨌든 문제 해결은 우리 몸에 피가 되고 살이 되는 중요한 성분들처럼 인생의 갈림길마다 판단의 지혜를 가져다주는 소중한 영양제라고 할 수 있을 것이다.

현대 사회는 미세 차별화 시대이다. 프로야구에서 선두권 타자와 중위권 타자의 차이는 그리 크지가 않다. 예를 들어 일주일에 6게임, 약 24회 타석에 들어선다면 안타 8개를 친 타율 3할 3푼의 우수 타자와 7개를 친 2할 9푼의 일반타자의 차이는 일주일에 안타 한 개 차이에 불과하다. 하지만 연봉의 차이는 어떠한가? 운동 경기에서도 우승자와 준우승자의 상금 차이가 10배에 달하는 것은 놀라운 일이 아니다. 최근 신지애 선수가 우승했던 미국 LPGA ADT챔피언십 골프대회의 우승 상금은 100만 달러였지만 준우승자인 캐리 웹의 상금은 10만 달러였다. 나의 문제 해결 능력도 평소의 방식에 효과

[그림1-6] 우수타자와 일반타자의 비교

주당 경기 수	경기당 타석	주간 타석 수	안타 수	타율	구분
6	4	24	8	0.333	우수 타자
6	4	24	7	0.292	일반 타자

성과 효율성을 조금씩만 향상시켜 일주일에 한두 건 정도씩만 문제 해결의 수준을 높여 간다면 조직에서 나에 대한 평가나 처우가 크게 변화됨을 느끼게 될 것이다.

'제문해결' 과 프로세스 씽킹

> 누구나 모든 현실을 볼 수 있는 것은 아니다. 대부분의 사람은 자기가 보고 싶어하는 현실만을 본다.
> **율리우스 카이사르**

문제 해결의 의미를 가만 생각해보면 '문제 해결'보다는 오히려 '제문해결(題問解決)'로 부르는 것이 더 정확한 표현이 아닐까 하는 생각이 든다. 먼저, '제(題)'는 해 일(日), 바를 정(正), 정수리 정(頁)이 합쳐진 글자이다. 해(日)를 정확하게(正) 보듯이, 정수리(頁)에 해당하는 사물, 사태의 핵심이나 본질을 정확하게 파악한다는 의미를 갖고 있다. 그리고 '문(問)'은 그 핵심에서 과제를 발견하고 탐색하는 활동을 뜻한다. '해(解)'는 문제를 해체하고 구조화하는 단계이지만, 문제의 전체상이나 목적을 항상 잊지 않아야 한다. 마지막으로 '결(決)'은 분석 결과에 의한 혁신적인 대안에 대해 결단을 내리고 결행해서 결실을 맺게 하는 단계이다.

즉, '제(題)'는 고객 지향적 관점에서 주요한 과제를 찾고, 반드시 해결해야만 하는 과제를 명확히 하는 것, '문(問)'은 목적성을 가지고 객관적으로 과제를 탐색하면서, 올바른 일을 올바르게 해결하는 방법을 구상하는 것, '해(解)'는 분해된 사실 요소들과 전체 최적을 생각하면서 해결 방안을 모색하는 것, '결(決)'은 혁신적 대안을 결정하고, 성과로 연결되도록 실행하는 것을 말한다. 따라서 문제 해결을 '제문해결'로 불러도 의미상 무리는 없을 것으로 보인다.

일반적인 문제의 정의를 살펴보면, 문제란 '있어야 할 모습(to be, should)과 현재의 모습(as is, actual) 사이의 바람직하지 않는 차이

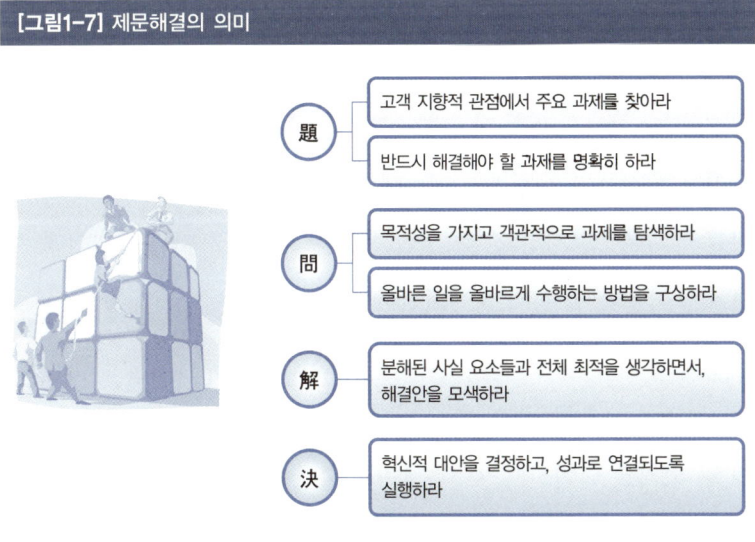

[그림1-7] 제문해결의 의미

(gap)로 정의되는 것이 가장 일반적이다. 즉, 문제란 해결을 요하는 것으로 목표와 현상과의 차이를 의미한다.

문제의 유형은 발생형의 문제, 탐색형의 문제, 설정형의 문제로 구분될 수 있다. 발생형 문제는 고객의 불만이나 불량품의 발생 등이 과거 시점에 발생해서 긴급히 원인을 파악해서 해결해야 하는 문제이다. 탐색형 문제는 현재 미달이거나 강화해야 하는 문제인데 문제가 무엇인지 탐구해서 해결해야 하는 상태를 말한다. 반면 설정형의 문제는 현재 일어나고 있지는 않지만 가까운 미래에 닥칠 것 같아 대비해야 하는 문제를 말한다.

문제의 수준이나 난이도는 발생형-탐색형-설정형의 순이다. 아마도 조직에서 더 높은 직책과 많은 급여를 주는 것은, 아래 계층보다 더 어려운 문제를 해결하고 의사결정을 하라는 의미라고 보아도 과언은 아닐 것이다. 발생형의 문제는 목표에 미달한 부분의 복원이 필요하고, 탐색형의 문제는 개선과 강화의 요소를 발견해야 한다. 그리고 설정형의 문제는 비전이나 목표의 재설정 등을 통해 새로운 자원의 배분, 신 시장 진출, 전략 개발, 선진 기업 및 경쟁사와의 격차를 줄이는 활동 등이 전개되어야 한다.

문제 해결의 일반적인 프로세스는 환경 및 상황 분석-과제의 선정-문제의 구조화-원인 분석-해결 방안 도출-장래 문제 분석-실행 및 평가로 이어진다. 이 과정에서 다양한 문제 해결의 개념과 방법론이 활용될 수 있는데, 흔히 발생형의 문제는 원인 분석에, 설정형의 문제는 대안 도출에 그 중점을 두고 있다고 볼 수 있다. 세부적으로는 환경 및 성과 분석을 통해 과제를 추출하고 과제의 실체를 분해한 후 최우선 과제를 도출한다. 그리고 과제에 대한 정보와 가설을 분석한 후 원인 분석 프로세스를 거친다. 주요 원인을 파악한 후 다양한 해결 방안을 모색하고 의사결정을 거친다. 해결 방안을 실행하기 전에 실행상의 리스크에 대한 대책을 세운 후 실행, 모니터링, 성과 평가를 거쳐 과제가 원하는 수준으로 해결되었는지를 점검하는 것이 전반적인 절차이다.

[그림1-8] 프로세스 씽킹

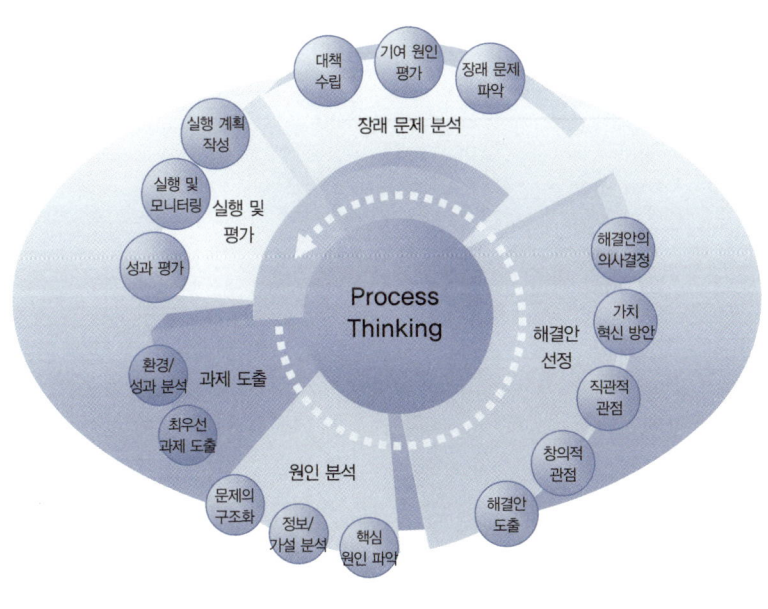

문제 해결은 프로세스라고 보는 것이 가장 사실에 가깝다. 즉, '수-리-파'와 같은 일련의 절차에 따라 전개되기 때문에 여기에 걸맞은 프로세스적인 사고방식이 필요하고, 이것이 바로 '프로세스 씽킹'이다. 하지만 문제 해결을 논리적인 순서로만 이해해서는 곤란하다. 절차를 밟아 가는 과정 중에 창의적이거나 직관적인 프로세스가 포함되어 있는 것이다. 따라서 나에게 가장 적합한 방식을 문제의 성격에 맞게 적용해서 해결하는 것이 첫 번째이지만 전체의 큰 흐름을 이해하고 있으면 정석과 응용의 다양한 전법을 구사할 수 있게 될 것이다.

제약 극복하기

> 대체로 인간이 안고 있는 어떤 문제에도 간단히 도달할 수 있는 해결안은 존재한다. 그것은 산뜻하고 그럴듯하고 잘못된 해결안이다.
> H. L. 멘켄

우리가 문제 해결에 임할 때 현실적이는 상상의 산물이든 많은 제약 조건에 접하게 된다. 일반적으로 문화의 차이에 기인한 제약, 조직에 기초한 제약, 경영자에 의한 제약을 먼저 생각해 볼 수 있다.

모슈 루빈스타인이 체험한 문화적 제약에 대한 일화에 의하면, '어머니, 부인, 아이와 배를 타고 가다가 배가 전복되어 한 사람만 구해야 한다면 누구를 구해야 하느냐?'는 질문에 대해 대부분의 아랍인들은, 부인과 아이는 복수로 갖는 것이 허용되지만 어머니는 단 한 사람만 가질 수밖에 없기 때문에 어머니를 구하는 것이 가장 합리적인 해결안이라고 대답한다는 것이다. 문화적인 특유의 터부나 시간 개념, 변화나 과학에 대한 신뢰, 의사결정 방식, 가치관 같은 것들이 이러한 제약에 해당된다.

조직에 기초한 제약이란 조직의 배경이나 구조, 운영 시스템 등을 가리킨다. 집단 사고의 경우, 응집력이 지나치게 강한 조직에서 흔히 볼 수 있다. 경영자에 의한 제약은 조직 생활을 하는 사람이라면 경험적으로 이해할 수 있을 것이다.

이러한 제약과 더불어 개인의 개성에 의한 제약은 더욱 큰 영향을 미칠 수 있다. 예를 들면 기존의 사고방식을 바꾸지 않고 반복하려는 스테레오 타입의 사고나, 의문에 대해 질문하지 않는 태도, 실패를 두려워하는 마음, 정보의 기억이나 검색 능력의 차이, 자신이 강점이 있는 분야의 지식만을 사용하려는 가치관적인 제약, 고유 기능을 절대시함으로써 해결의 아이디어를 놓치는 제약(예: 두 가닥의 끈과 의자, 펜치를 통한 실험), 자신의 고정 관념에 의한 제약(예: 9개 점의 직선 잇기) 등을 생각해볼 수 있다.

다음은 두 가닥 끈의 실험이다. 함께 생각해보자.

방 가운데 의자가 있고 방 양 끝 부분에 끈이 내려져 있다. 끈은 양손을 모두 사용해야 두 줄을 잡을 수 있는 정도의 길이이다. 그런데 두 줄은 멀리 떨어져 있어서 동시에 잡을 수는 없는 상황이다. 실험에서는 펜치 하나가 도구로 주어졌는데 어떻게 하면 실험자가 두 끈을 서로 묶을 수 있을까?

해답은 한 쪽 줄의 끝에 펜치를 묶어 시계추처럼 움직이도록 한 후 다른 줄을 잡고 의자에 올라가서 펜치가 움직이는 줄을 잡는 것이다. 이때 펜치는 기존의 용도가 아니고 무게에 의한 진동 추의 용도가 된다.

'전체는 그 부분들의 합과 구별된다' 는 주장으로 전체론적 정보처리를 강조했던 게슈탈트 심리학자 마이어가 고안한 이 실험은 우리가 갖고 있는 기능적인 고착이 새로움을 막는 걸림돌이 된다는 점을 강조하면서, 펜치가 관습적인 기존 도구의 용도를 벗어나 묵직한 무게의 용도나 심지어 전기도체로도 사용이 가능하다고 주장하고 있다.

같은 간격의 세 점이 세 줄 놓여 있는 9개의 점을 직선 4개, 3개, 1개로 잇는 문제는 많은 분들이 알고 있는 사례이기 때문에 설명을 생략하기로 하겠다.

브라이트맨은 이러한 제약을 극복하기 위한 방법으로, 보는 관점이나 시점을 변경하거나, 문제를 자신 이외 객관적인 제3자의 눈으로 보거나, 문제를 뒤집어서 생각해보거나, 문제의 영역을 넓혀 보거나, 또는 문제를 개별 요소로 분해해보거나, 문제의 초점을 지금 보고 있는 부분에서 다른 부분으로 옮겨보거나, 자신이 암암리에 설정해놓은 전제가 없는지 자문해보거나, 문제를 다른 방식으로 재구성해볼 것을 제안하면서, 다음의 일반 원칙들을 제시하고 있다.

- 회의론의 프로가 되어라 : 의심 없이 사실이나 전제를 그대로 받아들여서는 안 된다. 무엇이 진정한 문제인지 스스로 생각하여 자기 문제로 파악하는 것이 필요하다.
- 판정을 유보해라 : 문제를 머릿속에서 잘 휘저어 섞고 진정될 때까지 기다려라. 결론으로 달려들지 말고 충분한 진단을 거쳐야 한다.
- 유연한 리더십 스타일을 가져라 : 자신과 직원들, 문제의 성질에 맞는 리더십을 행사해라.
- 유연한 사고, 즉, 수평사고를 지향해라 : 문제를 재정의 하면서 '이런 관점에서 보면 어떨까?' 라는 자문자답을 반복해라.
- 다른 사람들의 말에 귀를 기울이고 질문해라 : 잠자코 타인의 말을 듣고, 상황을 비판적인 눈으로 보면서, 객관적이고 전문적으로 문제에 대응해라.

새뮤얼 스마일즈는 『자조론』에서 인격적 내공이 강하면 긍정적이고 행복한 인생을 살아갈 확률이 높다고 주장하면서, 인격적 내공을 '얼마나 자신을 잘 통제할 줄 아는가?'로 정의하고 있다. 문제 해결도 교양과 인격적 소양이 높은 사람일수록 개인적인 제약을 이겨내고 객관적으로 해결안에 도달할 확률이 높아지는 것이 아닐까 하는 생각이 든다.

쉬어가는 페이지

웃음 10계명

1. 크게 웃어라 : 크게 웃는 웃음은 최고의 운동법이다. 매일 1분 웃으면 8일 더 오래 산다. 호탕한 웃음은 운동도 될 뿐더러 더 큰 자신감과 활력을 만들어준다.
2. 억지로라도 웃어라 : 억지로 웃어도 웃음 효과는 똑같다. 우리 몸은 진짜 웃음과 가짜 웃음을 구분하지 못한다.
3. 일어나자마자 웃어라 : 아침에 눈 뜨자마자 첫 번째 웃는 웃음은 보약 중의 보약이다. 3대가 건강하게 되고 보약 10첩보다 낫다.
4. 시간을 정해놓고 웃어라 : 그러면 병원과는 영원히 안녕이다.
5. 마음까지 웃어라 : 얼굴 표정보다 마음 표정이 더 중요하다.
6. 즐거운 생각을 하며 웃어라 : 즐거운 웃음이 즐거운 일을 창조한다.
7. 함께 웃어라 : 혼자 웃는 것보다 33배 이상 효과가 좋다.
8. 힘들 때 더 웃어라 : 진정한 웃음은 힘들 때 웃는 것이다.
9. 한번 웃고 또 웃어라 : 웃지 않고 하루를 보낸 사람은 그날 하루를 낭비한 것이다.
10. 꿈을 이뤘을 때를 상상하며 웃어라 : 꿈과 웃음은 한 집에 산다.

한국웃음연구소

제2강

상황 분석 레시피

숲을 먼저 보는 환경 분석

상황 분석과 전략

전략적 문제 해결

숲을 먼저 보는 환경 분석

문제는 목적지에 얼마나 빨리 가느냐가 아니라 그 목적지가 어디냐는 것이다.
메이벨 뉴컴버

　문제 해결 프로세스에서 상황 분석을 먼저 하는 것은 문제의 전체상을 이해하는 데서 출발해야 문제의 본질에 가까워지기 때문이다. 경영 환경으로부터 전략적 시사점을 찾아 과제를 도출하는 방식에는 다양한 환경 분석 기법들이 활용된다. 우선 광범위한 외부 요인을 분석해 과제를 도출하는 데는 'FAW(forces at work) 분석'이 고려될 수 있다. 외부 환경 중에서 우리의 사업에 미치는 영향 요소를 찾아내는 과정으로 국제 환경, 유가, 환율, 법규나 규제의 변화, 시장 상황이나 소비자 욕구 변화, 기술의 변화 등 외부적인 중요 사업 환경 요소들을 분석해보고 그중 우리 사업과 관계되는 요소의 영향력을 평가해서 사업의 기회나 위협 요인들을 파악하는 방식이다.

FAW 분석과 함께 고려해 볼 수 있는 것이 '3C 분석'이다. 3C분석은 고객(customer), 경쟁사(competitor), 우리 회사(company)를 전반적으로 분석해보고 전략적인 과제를 추출하는 방식이다. 고객 측면에서는 '우리의 고객은 누구인가' '주 고객의 특성과 속성은 무엇인가' '현재 제공되는 상품, 서비스는 고객의 기대 수준을 넘어서고 있는가' '매출의 규모 및 추이는 어떠한가'와 같은 고객의 변화 요인을 확인하는 것이다. 경쟁사의 경우는 '우리의 주 경쟁사는 누구인가' '주 경쟁사의 강약점은 무엇인가' '동종업계 선진기업의 성공 요인은 무엇이며 그 시사점은 무엇인가' 등을 분석하고, 이와 대비해볼 때 '우리 회사의 주요 제품이나 서비스의 수준은' '경영 성과는' '자사의 전략과 목표는' '정량화해서 파악할 수 있는 자사의 강약점은 무엇인가'를 종합적으로 고려해 과제를 도출하게 된다.

FAW와 3C분석을 통해, '외부적인 환경은 이렇게 변하고 있다' '이에 따라 고객의 움직임이 이러하다' '여기에 대해 경쟁사는 이렇게 대응하고 있고, 우리 회사의 상황은 이러하다' '그러므로 이러이러한 과제에 대해 대응해야 한다'라는 방식으로 과제를 도출할 수 있다.

우리가 속해있는 산업의 매력도에 대한 분석으로는 마이클 포터의 '5 Force 분석'이 가장 흔히 활용된다. 우선, 우리 산업 내에서의 경쟁사를 분석한다. 과거, 현재, 미래의 시계열적으로 분석할 수도

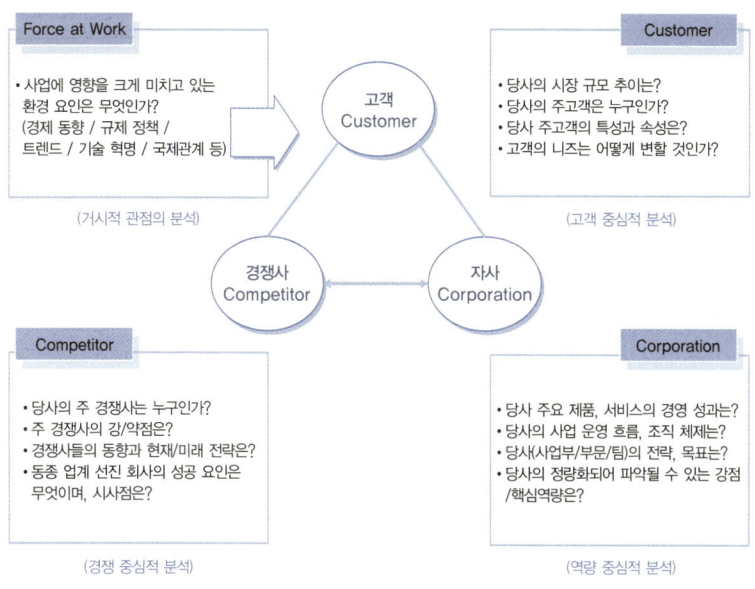

[그림2-1] FAW, 3C 분석

있고 자사와 대비해 볼 때의 강약점이나 차이 요소를 분석할 수도 있다. 그리고 우리 산업에 잠재적인 진입자의 위협이 있는지, 공급자에 대한 우리의 거래상의 파워가 강한지, 우리의 제품이나 서비스를 구매하는 사람들에 대한 파워는 강한지, 그리고 우리 제품 이외 대체재의 유무나 다과를 분석한다. 이 다섯 요소에 대해 분석해 산업의 전반적인 매력도를 분석해 보고 산업군 내에서 상대적인 우리의 위상을 확인해서 과제를 설정할 수 있다. 이때 다섯 요소의 가중치를 고려해볼 수도 있고 외부 상황에 대한 최상, 최악의 시나리오

플래닝을 생각해볼 수도 있다.

　제품을 분석할 경우에는 보스턴컨설팅그룹(BCG)의 '보스턴 매트릭스' 등을 통해 시장 성장률과 자사의 시장점유율을 분석할 수 있다. '들고양이' 영역처럼 점유율은 낮지만 시장이 성장하고 있어 투자나 진입을 고민하는 영역인지, 성장률과 점유율이 높아 아직 투자 대비 수익은 적지만 미래의 기회가 예상되는 '스타' 영역인지, '황금 소'처럼 수익이 높지만 성숙기에 달한 제품인지, '지는 개'처럼 성장률과 점유율이 낮은 쇠퇴기의 제품인지를 판단해서 과제를 설정할 수도 있다.

　또 다른 과제 도출의 방법으로 '비즈니스 시스템 분석'을 들 수 있다. 비즈니스 시스템은 우리의 제품이나 서비스가 고객에게 전달될 때까지의 과정을 인풋과 아웃풋의 관점에서 전개해보고 각 단계에서의 고객의 니즈, 선진 기업이나 경쟁사 대비 우리 회사의 강약점, 성공의 요건(KFS: key factors for success)을 파악해 과제를 설정하는 방식이다. 물론, 산업별로 비즈니스 시스템이 다르기 때문에 우리 산업에 맞는 흐름을 먼저 파악하는 것이 필요하다. 이와 아울러 조직 내부의 가치 사슬 분석을 활용할 수도 있다.

　반면 조직 전반을 분석해볼 때는 맥킨지의 '7S 모델'을 활용할 수 있다. 7S는 우리의 전략, 조직 구조, 조직 운영 시스템, 인력의 수준, 조직 분위기, 조직 특유의 능력, 상위 목표 또는 공유 가치 7가지 요소를 분석해서 조직 차원의 과제를 도출하는 방식이다. 아래

[그림2-2] 7S 분석을 위한 질문 예

7S	세부 항목	7S 분석을 위한 질문 예
전략과 환경 인식 (Strategy)	• 경영 환경 인식 • 비전과 장래상에 대한 인식 • 노사에 대한 인식 • 회사/경영 방침에 대한 인식 • 일반 근무환경에 대한 인식	Q. 현재의 사업, 경영 환경이 긍정적 또는 부정적이라고 생각하십니까? 경쟁사들이 처한 입장을 고려하여 평가해주시기 바랍니다. Q. 비전과 장래상은 무엇입니까? 비전 실현을 위해 앞으로 준비해야 할 사항은 무엇이라고 생각하십니까? Q. 비전(경영 계획)과 투명 경영에 대해 평가해주십시오. Q. 우리 조직이 지닌 경쟁우위의 요소는 무엇이며, 지속적으로 경쟁우위를 확보하기 위해 필요한 것들은 무엇이라고 생각하십니까? Q. 일반인의 관점에서 우리 조직의 매력은 무엇이며, 근무 환경은 어떻다고 생각하십니까?
조직 구조 (Structure)	• 규정과 절차에 대한 인식 • 역할 명확성 • 업무 재량에 대한 인식	Q. 우리 조직은 조직 구조의 안정성 측면에서 변화가 많다고 생각하십니까? 또는 앞으로 더 많은 변화가 필요하다고 생각하십니까? Q. 업무 관련 규정과 절차, 짜임새는 어떠하다고 생각하십니까? Q. 각 개인이 수행하는 업무 수행 역할과 책임은 분명하다고 생각하십니까? Q. 일과 관련하여 구성원들의 자율성과 권한 위임은 잘 이루어지고 있다고 생각하십니까?
운영체제 (System)	• 인사관리 제도와 운영 • 협조체제 • 의사소통 • 상하 간의 인정과 신뢰	Q. 전반적인 인사제도와 복리후생에 대한 의견은? Q. 부서/팀간, 또한 부서/팀 내에서의 업무 협조와 팀웍은 잘 이루어 지고 있다고 생각하십니까? Q. 내부의 업무와 관련한 공적인 또는 사적인 의사소통이 원활히 이루어지고 있다고 생각하십니까? Q. 구성원들은 상하, 수평 간 상호 존중하며 인정, 신뢰하고 있다고 생각하십니까?
인재 (Staff)	• 일에 대한 가치관 • 자발적 동기 • 인정과 성장 가능성 인식 • 일에 대한 만족과 스트레스 • 자부심과 이직의사	Q. 인력구조 측면에서 구성원들의 장점과 단점은 무엇이라고 생각하십니까? Q. 모든 조직은 구성원들의 경영자로서의 자질을 강조하고 있습니다. 모든 구성원들이 경영자가 될 수 있어야 한다는 기준에 대해서 어떻게 생각하십니까? Q. 구성원들의 일에 대한 열정과 가치관은 어떻다고 생각하십니까? Q. 구성원들은 조직과 더불어 함께 성장, 발전해야 합니다. 개인이 조직 내에서 인정받고, 성장하기 위해서 보다 노력해야 할 점들은 무엇이라고 생각하십니까? Q. 구성원들이 현재의 조직에 대해 바라는 바가 있다면 무엇이라고 생각하십니까? Q. 만약 조직을 자발적으로 떠나는 사람이 있다면, 어떤 이유로 떠날 것이라고 생각하십니까?
조직 능력 (Skill)	• 리더십 • 상사/리더의 역할 수행 능력 • 구성원들의 능력과 스킬	Q. 우리 조직이 바라는 인재상은 어떤 모습입니까? Q. 우리 조직을 이끌어 나갈 리더들이 갖추어야 역량과 태도, 리더십은 어떠해야 한다고 생각하십니까? Q. 구성원들의 업무 관련 능력과 스킬은 어떠하다고 생각하십니까?
공유 가치 (Shared Value)	• 상징, 가치 • 강점/약점	Q. 우리 조직을 생각할 때 가장 먼저 머리에 떠오르는 말이나 이미지는 어떤 것입니까? Q. 이념과 사명의 실현을 위해 구성원들은 어떤 사고와 행동을 해야 한다고 생각하십니까? Q. 구성원들이 지닌 일반적인 정신/행동 측면 등에서의 강·약점은 무엇입니까?
조직 풍토 (Style)	• 조직 분위기 • 조직문화 차이(현상과 이상) • 상하, 동료 간의 관계 유형 • 갈등 해결 유형	Q. 우리 조직의 조직 풍토는 어떠하다고 생각하십니까? Q. 창의성이 살아 있는(Creative) 조직이 되기 위해서 미흡하거나 보완해야 할 점들이 있다면 무엇이 있겠습니까? Q. 구성원들 간의 인간적인 관계는 원만하다고 생각하십니까? Q. 구성원들 간의 업무 관련한 갈등 요소는 어떤 것이 있고 갈등을 어떻게 해결하고 있습니까?

세부 항목이나 질문들을 활용해 조직의 현재상을 스냅샷처럼 분석해볼 수 있다.

경영 환경 분석 기법 중 가장 일반적으로 사용되는 기법은 'SWOT 분석'이다. SWOT는 외부 요인 중에서 기회와 위협 요소를, 내부 요인으로는 내부의 강점과 약점을 분석하는 방법이다. 네 가지 요인들의 분석이 전반적인 환경 분석에 해당되며, 이 네 가지 요인들을 보면서 강점과 기회를 살리는 전략, 약점과 위협을 최소화하는 전략, 강점을 살리고 위협을 최소화하는 전략, 기회를 살리고 약점을 최소화하는 전략을 도출할 수 있다. 요인 분석이 충실할수록 다양한 전략 과제를 도출할 수 있다. 항상 모든 분석에는 이 과제를 해결하면 문제의 테마가 해결될 수 있는지, 분석의 목적이 무엇인지를 염두에 두고 작업을 진행해야 한다. 문제 해결의 모든 프로세스나 기법은 개인의 문제에도 적용할 수 있는데, 아래 '이민호 씨의 취업 전략'에 대한 분석을 참고해보자.

이민호 씨는 2년 전에 3년제 대학 경영학과를 졸업했다. 고등학교 시절 공부를 등한히 해 원하던 학교에는 못 들어갔지만 이를 만회하려고 대학 시절에는 정말 공부를 열심히 했다. 영어실력도 토익 930점 이상이고 1년간 해외 어학연수도 다녀왔으며 컴퓨터 실력도 탄탄하다.

외국기업의 국내 진출이 활발해지고 있어 외국계 기업에서 해외 관련 업무를 하고 싶어서 열심히 영어 공부도 했지만 50군데 넘는 곳에 원서를 보냈는데 연락이 온 회사는 10여 군데에 불과했다. 그 회사들의 필기, 면접 시험에 모두 실패하고 나니 이제는 자신도 없어지고 집에서도 점점 떳떳치 못해지면서 경제적으로도 눈치가 보이기 시작하고 있다. 최근 경기가 나빠 대기업을 중심으로 신입사원 입사 경쟁이 더 심해지고 있고, 대기업들의 명문대 우대나 파벌 등도 신경 쓰이는 상황이다. 그러나 상대적으로 중소기업은 그런 차별이 적어 내 능력을 발휘할 수 있는 기회가 있을 것 같고, 최근 공기업들을 중심으로 능력 위주의 인사가 자리 잡아가고 있다는 보도도 나오고 있다.

[그림2-3] 취업전략 SWOT 분석 예시

	기회(O) • 외국 기업의 국내 진출 활성화 • 공기업 중심으로 능력 위주의 인사 관행	위협(T) • 경기 악화로 신입사원 채용 경쟁 심화 • 대기업의 명문대 출신 우대 및 사내 파벌 현상
강점(S) • 탁월한 수준의 영어 실력, 컴퓨터 실력 • 경영학 전공	**SO 전략** 1. 외국 기업에 계속하여 입사 시도 2. 지방 중소기업, 수출 중소기업 취업	**SO 전략** 4. 영어와 컴퓨터 실력을 꼭 필요로 하는 유망 중소기업 중심으로 입사 추진
약점(W) • 3년제 대학 출신, 2년 전 졸업 • 집에서 점점 눈치가 보이고 자신감이 없어짐 • 서류 전형, 면접에도 취약점	**WO전략** 3. 비명문대 출신도 능력만 있으면 대접을 해주는 공기업 중심으로 입사를 추진	**WT전략** 5. 일단 명문대 대학원으로 진학한 후 경기 회복 시 취직 6. 기타 진로 모색(벤처 창업, 학원 강사 활동 검토, 취업 교육, 대기업 선배 협의 등)

사실 대부분의 문제 해결 관련 개념이나 기법을 파고 들어가면 핵심 목적이나 개념이 유사한 경우가 많다. 3C 분석과 SWOT 분석을 비교해봐도, 3C의 경쟁사와 고객을 SWOT에서는 외부의 기회, 위협 요인으로 보고 있고, 3C의 자사 부분을 SWOT에서는 강점과 약점으로 구분해서 파악하는 것이 다를 뿐 사업에 미치는 중요 변수를 확인해서 과제를 도출하는 절차는 동일하다고 하겠다.

상황 분석과 전략

> 코 아래에 무엇이 있는지 분명하게 보는 데 대단한 재능이 필요하지 않으나, 코가 어느 방향을 가리키는지를 아는 것이 대단한 일이다.
> W. H. 오덴

거시적인 환경 분석과는 별도로 개인들이 해야 할 일의 우선순위를 설정하는 기법으로 '상황 분석(Situation Appraisal)' 기법이 있다. 상황 분석은 직책이나 담당, 역할에 따라 작업 내용이 달라지므로 남에게 맡길 수 없고 누구나 자신이 직접 해야만 하는 작업에 해당된다.

상황 분석의 첫 단계는 '누구의 입장에서 해야 할 과제를 설정하는가' 하는 분석 주체의 확인이다.

그러고 나서 관심사를 열거하게 된다. 관심사란 빗장 관(關), 마음 심(心), 일 사(事), 즉 마음에 걸리는 일이다. 내가 신경 써야 하는 일, 테마와 관련해서 조치나 대응이 필요한 일, 걱정되는 일, 해결해야 할 일, 기회라고 생각되는 일, 변화가 있었던 일, 분명하게 말할 수는 없지만 문제라고 생각되는 일 등이 해당된다. 관심사를 열거할 때에는 신경 쓰이는 모든 일을 생각나는 대로 모두 나열하면 되고 누구나 이해하기 쉽게 명확히 표현해야 한다.

그러고 나서 열거된 관심사를 중요도에 따라 평가하고 중요도가 높은 과제들만 다음 단계의 분석에 들어간다. 중요도가 떨어지는 과제는 바로 실행하거나 위임하거나 하면 되기 때문에 문제 해결의 전 과정은 중요한 문제만을 추려서 다음 단계의 분석 작업을 진행하게 되는 프로세스를 밟게 된다. 따라서 함께 토의할 때 관심사에 대한 평가가 엇갈릴 경우 가장 높게 평가한 점수를 기록하고, 높게 평가된 항목들은 다음 분석 작업을 하겠다는 의미이기 때문에 그 다음 작업을 전개하면 된다.

중요한 관심사가 도출되면 그 과제에 어떤 일들이 일어나고 있는지 관련 정보나 사실을 확인한다. 이는 관심사가 큰 덩어리의 과제이기 때문에 잘게 세분화해서 해결 가능한 단위로 나누기 위해서이다. 이때는 개인의 희망이나 의도를 최대한 자제하고 일어난 사실만을 정확하게 확인하는 것이 중요하다.

그 다음에는 세분화된 정보 사실을 해결하기 위해서 어떤 일을 해야 하는지 분석 과제를 작성한다. 그런 후에 분석 과제별로 중요도, 긴급도, 파급 영향도 등을 평가해서 일의 우선순위를 설정한다. 최

[그림2-4] 상황 분석과 전략의 5P

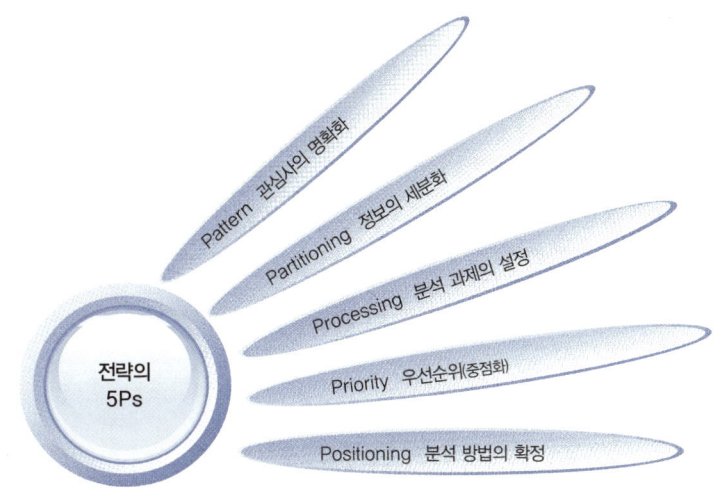

종적으로는 정리된 과제 리스트를 모두 수행하면 분석 주체의 입장에서 근본적으로 문제가 해결되는지를 재점검하고 실행에 착수하면 되는 것이다.

상황 분석의 프로세스는 전략 개념에서 강조되는 다섯 가지의 P와 유사하다. 5P 중 패턴은 관심사를 열거하고 유사한 내용끼리 그룹핑하는 작업과 연관이 있고, 정보의 세분화는 분리와 관련이 된다. 그리고 프로세싱은 분석할 과제가 무엇이 있는지를 하나하나 대입해보는 작업, 우선순위를 정하는 작업, 최종적으로 과제 도출 후 어떤 일들로 포지셔닝 되는지를 확인하고 승인하는 작업과 관련이 된다.

상황 분석의 관점을 생각해보면, 일을 착안할 때는 거시적, 대국적으로 보고, 일을 착수할 때는 세밀하게 소국적으로 보는 관점, 두 가지를 조화롭게 활용하여야 한다. 즉 헬기를 타고 공중에서 조망하는 시각(헬리콥터 뷰)과 땅에 내려와 개미의 눈으로 현실을 파악하는 시각(앤트 뷰)을 동시에 보아야 한다. 하지만 이 KT 방식의 상황 분석을 상황 분석(situation analysis)이 아닌 상황 평가(situation appraisal)로 표현한 것을 보면 나무보다는 숲을 보는 쪽에 중점이 두어져야 한다는 의미일 것이다. 이 프로세스는 마치 시합 전에 감독이 작전을 지시하거나 종갓집 맏며느리가 명절 때 며느리들에게 할 일을 배분하는 것처럼, 내가 지금 해야 할 일을 정하는 작업이라고 볼 수 있다.

전략적 문제 해결

'노(no)'를 거꾸로 쓰면 전진을 의미하는 '온(on)'이 된다. 모든 문제에는 반드시 문제를 푸는 열쇠가 있다. 끊임없이 생각하고 찾아 내라.
노먼 빈센트 필

전략적인 과제를 가지고 전략 프로젝트를 시행하는 경우 나름대로 일련의 순서를 밟아 전개하는 것이 효과적이다. 우선 전략적 관점에서 우리 사업의 본질을 규명해본다. 그 다음에 외부 환경의 요소, 즉 '우리의 사업에 어떤 일이 일어나고 있는가? 현재의 경기는 어떠하며, 경기 변화의 주기나 시점은 어떠한가? 경기 변화의 배경이나 전제 조건은 무엇인가? 우리의 사업에 미치는 영향은 무엇인가?' 등의 거시 경제 현상을 분석한다. 그 다음에는 우리가 속해 있는 산업과 사업의 분석 단계를 거친다. 산업 분석은 5 Forces 등의 거시 분석 기법 중 필요한 것을 활용하면 된다. 사업 분석 시 고려사항으로는 기업 생존 부등식에 의한 원가, 가격, 가치의 요소를 분석하는 것과 우리가 속한 전략적 그룹은 어디인지를 제품, 고객, 가격, 마케팅, 기술, 품질, 시장, 브랜드 이미지 등의 전략적 포지셔닝 분석을 통해 확인해볼 수 있다.

그리고 산업의 주기는 어떠한가(유아기-성장기-격동기-성숙기-쇠퇴기), 진입 장벽이 있는가(규모의 경제, 브랜드 이미지, 규제 여부, 절대비용 우위 분석 등) 아울러 산업 내부의 경쟁 정도는 어떠한가(경쟁구조, 분산화 된 산업인지 집중화 된 산업인지, 수요 조건, 경제적, 전략적, 감정적 퇴출 장벽) 등을 검토한다.

그 다음에는 우리의 전략을 who(우리의 고객은 누구인가), what(어떤 제품이나 서비스를 제공할 것인가), how(어떻게 전략을 실행할 것인가) 측면에서 전략적 프레임을 설정하고 장기, 중기, 단기 전략을 구상한다. 그리고 개발된 전략과 현재 위치와의 격차를 확인하고 어떻게 전략적 혁신을 추구할 것인지 방안을 도출한다. 전략 혁신은 많은 사례들이 있지만 어떻게 게임 법칙을 변화시킬 것인지, 산업 내에서 통용되는 기준을 타파할 것인지를 염두에 두어야 한다.

전략을 선택할 때에는 저가 전략, 차별화 전략, 집중화 전략, 가치 혁신 전략 등 어디에 중점을 둘 것인지, 산업의 매력도 대비 우리가 가진 자원이나 능력의 상대적인 위치를 확인하고, 전략적 의도를 가진 전략인지, 단계별 진입 전략(징검다리 전략)이 포함되었는지, 포트폴리오 분석 결과는 어떠한지를 판단한다.

그 다음에는 내부 분석 단계를 거치게 되는데 사업의 성공 요건에 따른 우리의 전략, 경쟁사의 강점, 자사의 강점, 경쟁사 대비 자원과 능력의 차이를 분석한다. 이때 우리의 핵심적인 자원과 능력은 무엇이며, 그 위계는 어떻게 되어 있는가, 자원과 능력의 격차를 어떻게 메울 것인가, 우리의 비즈니스 시스템이나 프로세스는 적정한가, 어떤 전략과 액션 플랜을 가져갈 것인가 등을 검토한다. 자원과 능력이란 회사 차원에서 독특성과 특유의 가치가 있고, 다른 회사에서 쉽게 모방할 수 없는 수준으로 조직의 일상 활동으로 스며들어 있는 것이어야 한다. 내부 분석은 회사 차원의 경쟁력 분석인데, 각 부문들이 자원과 능력의 관련성이 있는지, 해당 자원과 능력에 대한 회사 차원의 조정 능력이 있는지가 변수가 된다. 사업의 다각화 방안을 전개할 때는 요구되는 자원과 능력이 유사한 다각화인지, 자원의 공유나 지식의 전이를 통한 시너지의 창출이 가능한지를 반드시 사전에 확인해야만 실패를 줄일 수 있다.

그러고 나서는 예상되는 장애 요인과 극복 방안을 고려한다. 우선 '고객, 공급자, 자금 제공자, 조직원'의 몰입과 헌신은 어떠한지, 우리의 전략과 헌신이 일치하는지, 일치하지 않는다면 재협상을 위해 어떤 조치들을 취할 것인지를 결정해야 한다. 그리고 전략, 의사결정, 조직 운영의 핵심적인 프로세스와 평가 지표를 점검한다. 마찬가지로 우리의 전략과 프로세스가 일치하는지, 일치하지 않을 때 어떤 구체적 행동을 취할 것인지를 분석해야 한다. 아울러 조직 전반의 가치, 사명, 비전의 검토와 조직 관성, 조직 내 통제, 조정 시스템 등도 재검토해 보아야 한다.

그 다음 단계는 조직의 혁신 프로세스의 점검이다. 이때는 개별 사업부문의 경쟁력과 회사 차원의 통합력 중 어디에 중점이 있는지, 합리화, 활성화 단계가 잘 조화되어 전개되고 있는지를 확인할 필요가 있다. 그리고 조직 전체의 맥락은 어떠한지, 조직원들의 의지와 스킬 수준은 또 어떠한지, 구체적인 혁신 과제 즉, 전략적 과제, 조직적 과제, 관리적인 과제는 어떤 것들이 있는지를 재점검한다. 그리고 구체적인 세부 액션 플랜을 '7S' 등을 활용하여 작성하여 실행하는 것이 보편적인 전략 수립의 프로세스라고 할 수 있다.

전략의 성공, 실패 사례는 도처에서 많이 발견할 수 있다. 포스트잇으로 유명한 3M은 초기에는 광산 회사였고, HP는 계측기 회사, 모토롤라는 가전 회사였다. 그런데 이들은 그들의 핵심 역량을 바탕으로 전략적 사업 다각화에 성공해서 현재의 모습을 보이고 있다. 반면 미 서부 금광 개발 시절에 천막을 만들던 리바이스는 이것을 청바지로 개발해 대성공을 거두었는데, 한때 신사복 시장에 진출했다가 큰 실패를 경험하기도 했다. 청바지와 신사복은 옷감, 영업사원, 매장 분위기 등 모든 것들이 서로 달라 자신들의 자원과 능력을 활용할 수 있는 연관성이 전혀 없었던 것이다.

싸이월드가 한국인들의 남을 의식하는 성향을 간파해 미니 홈피를 장식하는 도토리의 비즈니스 모델을 제시한 것이나 비타 500이

기존과 다르게 유통채널을 편의점까지 확대한 예, 하이트가 지하 200미터 광천수로 환경 문제에 민감해진 고객에게 접근해 단숨에 전세를 뒤집은 예, 제록스가 고가 복사기의 판매 부진에 따라 리스 사업으로 전환한 예, 질레트나 HP가 면도기나 인쇄기의 가격을 최대한 낮추고 소모품의 매출에 집중한 것 등 전략적 혁신의 영역은 아직도 무한히 열려 있다고 보아야 할 것이다.

쉬어가는 페이지

변화를 위한 12F

1. Fast(신속성) : 고객의 니즈와 경쟁자의 전략에 신속히 대응한다.
2. Flexible(융통성) : 필요하다면 변화시키고, 적응시키고, 수정한다.
3. Focused(명확한 초점) : 명확한 지시, 명확한 목표, 명확한 가치관
4. Foresight(예측) : 무엇이 일어날지 항상 주시한다.
5. Flat(평면화) : 조직 계층과 관리자 층을 평면화한다.
6. Fluid(유동성) : 정보, 아이디어, 능력을 막힘없이 흐르게 한다.
7. Fundamentals(기본) : 기본을 알고 올바르게 실천한다.
8. Follow-thru(지속성) : 목표 달성을 위해 실천하고 완수한다.
9. Face Issues(쟁점과의 대결) : 쟁점, 딜레마, 갈등, 문제와 정면으로 대결한다.
10. Friendly(우호적) : 사람을 잘 다룬다. 협조를 모색한다.
11. Forgiving(관대함) : 창조와 성장에는 리스크가 필요하다. 리스크에는 관대함이 필요하다.
12. Free(자유) : 창조와 공헌은 두려움이나 과거 습성으로부터 자유로울 때 생겨난다.

John P. Kotter and Leonard A. Schlesinger, Choosing Strategies for Change

제3강

문제 분석 레시피

문제 정의하기
문제 뜯어보기
논리의 나뭇가지
첩보를 정보 지식으로
가상의 해결안, 가설

문제 정의하기

> 만약 우리가 하는 일을 수치화할 수 없다면 그것을 잘 모른다는 것이요, 잘 모르는 것은 잘 관리할 수 없으며, 관리할 수 없다면 승리할 수도 없다.
> **마이클 해리(6시그마 전문가)**

조직의 문제든 의학이든 공학이든 교육이든, 어딘가 사정이 나빠진 것을 깨닫는 데서 문제 해결은 시작된다. 환경 분석과 상황 분석을 거쳐 우리가 대응해야 하는 과제들이 도출되면 문제 해결의 테마를 설정한다. 우리 조직에 시사점이 높은 과제들 중에서 중요도나 긴급도, 실행 시의 임팩트가 높은 과제를 선정해서 다음 단계의 문제 해결 작업을 전개하게 되는 것이다. 문제 해결의 테마는 냉정한 분석을 통해 왜 이 문제의 해결이 중요한가 하는 필연성과 당위성을 지녀야 한다. 그리고 논리적으로 배경이나 취지, 이것이 왜 지금 문제가 되는지를 설명할 수 있어야 한다.

테마의 기술은 원인이나 해결책을 암시하는 내용을 포함해서는 안 되며, 객관적이고 단순하게 문제 자체를 기술하여야 한다. 또한 문제 해결의 범위나 수준을 명확히 정의해서 누구나 이해하기 쉽게 표현해야 하며 선정 근거나 사유, 해결 시의 기대 효과 등을 기술하고 목표 수준을 설정해야 한다. 문제의 테마는 가급적 '이직률의 감소' 같은 해결 방안 식의 표현보다는 '이직률 증가' 같은 문제적인 표현을 사용하는 것이 해결 방안 전개에 효과적이다. 테마가 나의 일상 업무에서의 효과성을 높이는 것으로 설정될 경우, 복잡한 해결 방법이 중요한 것이 아니고 계획적인 실행이 더욱 중요한 부분이 된다. 일상 업무 속에서 생각했던 어떠한 해결 방안을 미리 머리에 그려두고 문제 해결 작업을 진행하는 것은 큰 의미가 없다. 오히려 생각했던 해결안에 대해 추가적인 정보 분석이나 가설 검증을 거친 후 제대로 실행 계획을 짜는 데 역점을 두는 것이 효과적이다.

목표는 현재의 수준과 목표수준을 '스마트(SMART)'하게 표현해야 한다. SMART는 구체적이고(specific), 측정 가능하고(measurable), 달성 가능하고(attainable), 결과가 명시되어 있고(result-oriented), 시간이 표현(time-based)되어 있어야 한다. 때론 S를 단순함(simple), A는 행동 지향적(action-oriented), R은 적절성(relevant)이나 현실성(realistic), T는 가시적인(tangible) 것으로 표현하기도 하는데, 목표의 기술은 이 다섯 가지 요소가 모두 충족되어야 한다. 그리고 목표의 수준이 도전적인 수준인지, 얼마나 멤버들의 참여와 합의를 필요로 하는 것인지도 중요한 기준이 된다.

요즘 선거 공약을 감시하는 '매니페스토 운동'에서도 후보들의 공약들을 스마트 기준에 의해 평가한다. 그런데 스마트의 기준은 주로 단기적인 성과나 목표를 기술하는 측면이 강하기 때문에 장기적인 비전이나 지역 발전의 기반이 되는 사업 등을 평가하기엔 미흡한 면이 있음을 감안해야 한다. 목표는 주로 매출, 수익, 원가, 시간, 안전성, 품질, 사기수준 등 정량적인 평가가 가능한 지표로 설정하는 것이 바람직하며 실행 후 성과를 평가할 수 있는 측정 지표도 명확히 해 둘 필요가 있다.

문제 해결 과정에서는 테마를 설정하고 분해해보는 앞 단계의 작업들이 얼마나 정확하게 수행되었느냐에 따라 전체 작업에 대한 평가가 결정된다. 잘못 작업된 테마 작업 후 아무리 체계적으로 그 다음 작업을 진행해도 효과는 그리 크지 않을 것이다. 그런 시각으로 보면 문제를 명확히 정의하면 문제가 절반은 해결된 것이라고 해도 과언은 아니다. 그래서 문제 해결은 수시로 앞뒤 단계의 작업 결과를 리뷰하면서 전체와 부분을 고려하고, 각 프로세스의 작업에 문제가 없었는지를 재검토하면서 유연하게 전개해가는 접근 방법이 필요하다. 그리고 이와 아울러 문제 해결의 전 과정에 걸쳐서 얼마나 몰입하고 열의를 쏟았는가 하는 마인드나 태도적인 면들이 해결의 가능성과 달성 수준을 높이는 데 절대적인 기준이 된다.

심지어 암웨이의 창업자 리치 디보스는 "문제를 정의하는 것이

[그림3-1] 문제의 테마 선정 워크시트

이슈 (문제 해결 테마)	FAW, 3C, Biz System, 7S, SWOT, 5 Forces, Situation Appraisal, 경영 성과 분석, Process Mapping 등	
테마 선정 사유	1 관점(Perspective), 맥락(Context) 2 기대 성과(KFS) 3 의사결정자(Decision Maker), 이해관계자(Stakeholders)	
목표 수준	현재의 상태(As Is, Actual)	바라는 상태, 목표 수준(To be, Should be)
	고려 사항 해결안의 범위(Scope) 해결안의 제약 사항(Constraints)	
주요 측정 지표		

해결의 90%를 차지한다. 문제를 정의하고 나면 해결책은 저절로 드러나기 마련이다"라고 말하고 있다. 그가 전수했던 문제 해결법은 다음과 같다.

- 사전에 행동해라. 문제를 기다리지 말고 찾아가서 싹을 잘라버려라. 문제의 싹이 꽃을 피우고 나면 다루기가 두세 배 어려워진다.
- 문제를 정의해라. 문제의 본질에 대해 뚜렷한 그림을 그릴 수 있어야 한다.

- 간단하게 만들어라. 재빨리 문제의 핵심을 파악한 후 단순화를 시도해라.
- 단계별로 접근해라. 한꺼번에 두 발을 바지에 넣을 수 없다.
- 시간을 투자해라. 성급하게 결론을 내지 마라. 하룻밤 자고 나면 생각이 달라지고 정보도 많이 생긴다.
- 직관에 주목해라. 막대한 자료를 모으는 것만이 능사가 아니다.
- 어떤 경우에도 이성을 잃지 마라.

조지아 주립대 교수였던 하비 브라이트먼의 저서 『문제 해결의 노하우』에는 이런 예화가 소개되고 있다. 박사 과정의 한 학생이 노벨상 수상자인 교수를 방문해 논문의 지도 교수가 되어 주길 간청했다. 그러자 교수는 다음 문제를 해결하면 요청을 받아들이겠다고 말했다.

몹시 그을음이 쌓여 청소를 해야 하는 굴뚝이 두 개 있는 집에서 두 사람의 청소부를 고용해 굴뚝 청소를 시켰는데 두 사람이 청소를 끝내고 동시에 나왔을 때 한 사람은 깨끗한 얼굴이었고, 다른 한 사람은 더러운 얼굴이었다. "그럼, 이 두 사람 중 누가 얼굴을 닦을까?" 하고 교수가 물었다. 학생이 잠시 생각하더니 "더러운 얼굴 쪽이겠지요"라고 말하자 노교수는 "그렇지 않네. 깨끗한 얼굴의 청소부는 더러운 얼굴의 청소부를 보고 자기의 얼굴이 더러울 것으로 생각해 얼굴을 닦으러 갈 것이네"라고 말했다. 학생이 "알겠습니다. 한번만 더 기회를 주십시오"라고 말하자, 교수는 다시 질문을 던졌다. "두 청소부가 더러운 두 굴뚝에서 나왔네. 누가 얼굴을 씻겠는가?" 그러자 학생이 자신 있게 "깨끗한 얼굴의 청소부입니다"라고 말했다. 노교수는 "또 틀렸네. 깨끗한 얼굴의 청소부가 얼굴을 씻으러 나가려고 하자 더러운 얼굴의 청소부가 '얼굴이 깨끗한데 왜 씻으러 가느냐'고 물어서 당신 얼굴이 더럽다고 알려주자 자기의 얼굴을 씻으러 나갔다네." 그러고 나서 다시 한번 학생에게 질문을 던졌다. "자, 누가 씻겠는가?" 학생이 아무 대답도 못하자 교수가 말했다. "검댕이로 더러워진 두 굴뚝을 청소한 두 남자가 동시에 굴뚝을 청소하고 나왔는데 한 사람의 얼굴만 더러워질 수 있겠는가?"

이 예화는 우리가 문제의 해결책을 고민하기 전에 나열된 사실 자체를 의심해보는 문제 진단에서 문제 해결을 출발해야 한다는 메시지를 주고 있다.

문제 뜯어보기

> 아무리 나쁜 사례로 여겨지고 있는 것도 그것이 시작된 애초의 계기는 훌륭한 것이었다.
> **율리우스 카이사르**

문제의 테마가 설정되면 문제의 실체가 무엇인지, 세부적으로 어떤 문제가 있고 그중 주요한 문제가 무엇인지를 확인해야 한다. 문제를 분석하는 데는 일반적으로 로직 트리 방식이 가장 많이 활용되고 있는데, 문제에 접근하는 피라미드 사고와 시스템적 사고도 고려하여야 한다.

문제를 논리적으로 해결해가는 데는 피라미드 구조를 이해해야 한다. 바바라 민토의 『논리의 기술』에는 아래 예가 제시되어 있다.

어느 맞벌이 부부의 대화를 들어보자. "여보, 신문 사러 요 앞에 자전거로 다녀올 건데, 당신은 뭐 필요한 거 없어?" "TV에서 포도 광고를 보니 갑자기 포도가 먹고 싶은데 사다 주겠어요?" 외투를 입으려고 옷장으로 걸어가는데, 아내가 계속해서 말했다. "그리고 우유도 좀 사와요." 옷장에서 코트를 꺼내는 순간, 아내가 부엌으로 걸어가면서 말했다. "아, 냉장고에 감자가 있는지 볼게요. 참, 계란도 다 떨어졌네요. 저런 감자도 없네요." 외투를 입고 현관으로 걸어가는 순간, "당근하고 오렌지도 사와요." 문을 열었다. "버터도요!" 계단을 내려가는 순간 "사과도요." 자전거를 타는 순간 "참, 양파도 하나밖에 안 남았네요." "그게 다야? 알았어, 금방 다녀올게." 자, 그러면 뭘 사오라고 했는지 나열해보자.

조지 밀러에 의하면 인간의 두뇌는 짧은 시간에 일곱 개 이상의 항목을 기억할 수 없다고 한다. 우리가 일곱 자리 전화번호일 때는 번호를 불러주면 전화를 끊고 나서도 쉽게 기억해 메모해 둘 수 있었지만 여덟 자리로 바뀐 이후에는 바로 적어두지 않으면 기억이 안 났던 경험을 한 적이 있을 것이다. 그래서 우리의 두뇌는 항목의 수가 많아지면 논리적 범주에 따라 분류하여 기억하게 된다. 위의 사례에서 부인이 사오라고 한 것은 크게 과일, 채소, 유제품으로 구분된다. 과일은 포도 · 오렌지 · 사과 · 채소는 감자 · 당근 · 양파, 유제품은 우유 · 계란 · 버터로 쉽게 정리될 수 있을 것이다. 이처럼 피라미드 구조에 의해 논리적 위계나 인과관계, 흐름, 요약, 결론의 의미가 더욱 명확해질 수 있다.

그리고 문제 해결에는 시스템적인 사고방식이 필요하다. 시스템이란 특정한 목표 아래 각 부분들이 복잡하고 통일된 전체를 구성하기 위해 유기적으로 연결된 집합을 의미하는 것으로, 저금통에 들어있는 낱개 동전들과 비교해볼 때 우리가 몸담고 있는 조직이나 자동차의 엔진, 결혼 등 대부분의 문제는 시스템적으로 여러 가지가 요소들이 연결되어 있다. 따라서 저금통에서 단위 동전 하나를 꺼내는 식의 해결 방법으로는 근본적인 문제 해결이 불가능하게 된다. 예를 들어서 시스템적 사고와 대비되는 단선적인 사고는 '머리가 아프므로 두통약을 처방한다'는 식의 사고이다. 머리가 아픈 원인이 신체적인 것인지 정신적인 것인지, 신체적으로도 외상인지 내상인지, 정

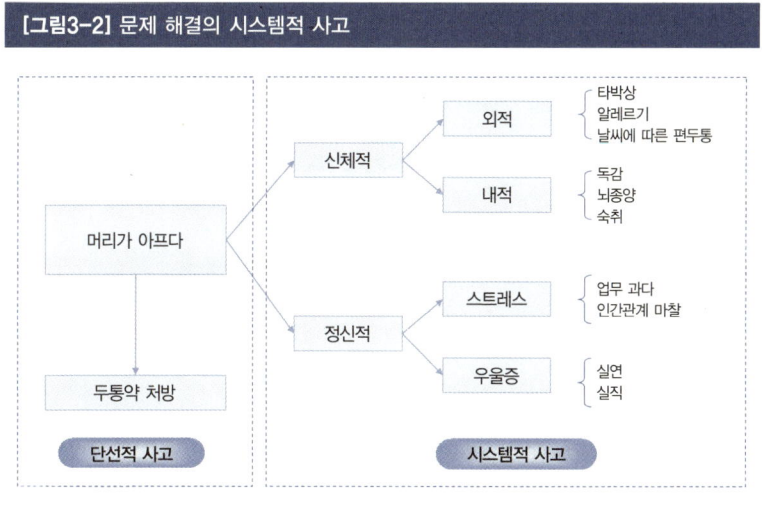

[그림3-2] 문제 해결의 시스템적 사고

신적으로도 스트레스 때문인지 우울증 때문인지 각각의 원인에 따라 해결 방안이 달라져야 한다.

문제의 구조가 밝혀지고 나면 어떤 것이 중요한 문제인지를 평가한다. 과제의 평가는 녹색 점 기법처럼 투표 식으로 각자의 의견을 모으거나 중요도, 비용, 리스크, 임팩트, 용이성 등 해당 문제와 관련 있는 기준을 평가해 최우선적으로 해결할 과제를 선정한다.

논리의 나뭇가지

> 실패하지 않는 것은 앞으로 나아가지 않는다는 것이고, 헛디디지 않는다는 것은 걷지 않는다는 뜻이다.
> **3M사의 '실패'에 대한 정의**

 문제 해결에서 가장 활용도가 높은 기법 중의 하나가 바로 '로직 트리'이다. 논리의 나뭇가지를 쳐나가는 프로세스로, 문제 분석, 원인 분석, 해결안 도출에 모두 적용할 수 있다. 로직 트리의 필수적인 조건은 'MECE'(mutually exclusive and collectively exhaustive)이다. 'MECE'의 의미는 '서로 중복된 것이 없고 누락 된 것도 없이' 전체를 파악하는 사고방식이다. 'MECE'는 문제를 큰 덩어리로 되어 있는 문제를 하나하나 여러 개의 묶음으로 나누어 문제를 분해하는 방식으로, 가능한 모든 경우의 수를 파악해 근본적인 해결을 도모하는 사고방식이다. 연령, 매출 구성, 성별, 제품 구조, 지역,

[그림3-3] 원인 분석 로직 트리 예시

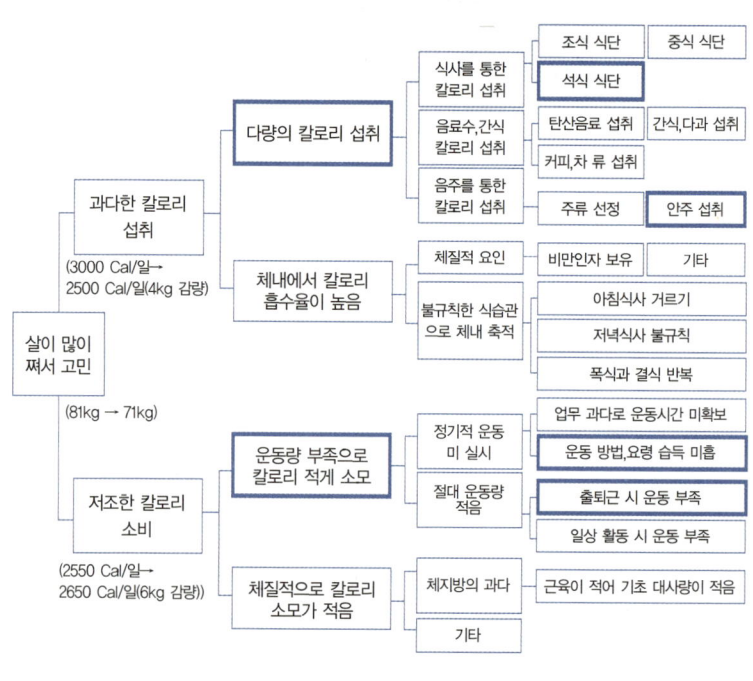

조직 구조 등은 'MECE' 적으로 비교적 쉽게 분류될 수 있고 환경 분석의 3C, 마케팅의 4P, 조직의 7S, 비즈니스 시스템 등 100%는 아니지만 큰 중복이나 누락이 없다고 판단되는 개념을 활용하면 좀 더 빠르게 작업을 전개할 수 있다.

예를 들어 수익의 증가라는 테마를 로직 트리로 작업해나갈 때, 매출의 증가와 원가의 절감 두 가지로 구분하면 '중복 없고 누락 없는' 필요충분조건을 충족했다고 볼 수 있다. 신제품의 개발 같은 항

[그림3-4] 해결안 로직 트리 예시

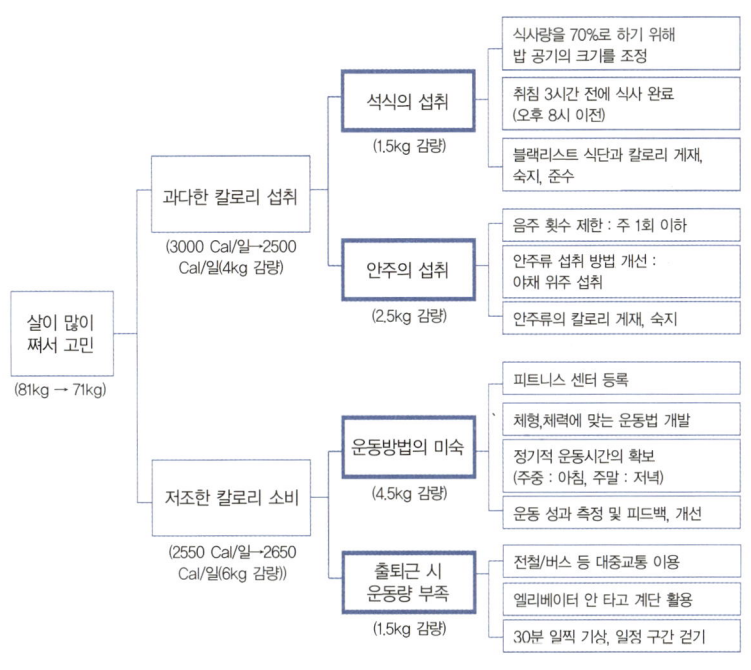

목은 매출 증가 쪽에 들어갈 수 있으므로, 논리적으로 이상이 없다고 판단되면 다음 단계를 진행하면 된다. 대체로 로직 트리의 앞 단계에서는 추상적인 개념이 들어갈 경우가 많고, 뒷부분에서는 완전한 문장으로 표현하는 것이 명확한 이해에 도움이 된다. 작업을 진행하면서는 항상 무엇을 하고 있는지, 왜 이 작업을 하는지 전개 목적을 잊지 말아야 한다.

자, 편의점에서 가장 잘 팔리는 과일은 무엇일까? 잘 팔리는 과일을 찾아 매출을 극대화시키기 위한 로직 트리를 전개할 경우 봄, 여름, 가을, 겨울 과일 식으로 표현하는 것보다는 껍질을 까기 쉬운 과일과 그렇지 않은 과일 식으로 분류하는 것이 효과적일 것이다. 실제로 잘 팔리는 과일은 귤, 오렌지, 바나나 등 쉽게 까서 먹을 수 있는 과일들이다.

살을 빼기 위한 방안을 검토한다면 누구나 운동과 식이요법을 생각할 수 있다. 이때 칼로리의 과다 섭취와 칼로리의 저조한 소비로 나누어 정리하면 'MECE' 적으로 표현 될 수 있다. 따라서 로직 트리의 작업 시 그런 논리적인 개념들을 찾아내는 것이 매우 중요하다.

로직 트리를 전개하는 방법은 연역적, 귀납적 두 가지 방식이 모두 가능하다. 문제의 범위와 방향성이 어느 정도 분명하거나 로직 트리 작성 경험이 많을 경우에는 연역적인 방법을 사용하고, 문제의 범위와 방향성이 명확하지 않거나 로직 트리 작성 경험이 많지 않은 경우에는 아이디어를 나열하고 그것을 그룹핑하거나 순서화하여 문제를 분석하는 귀납적인 방법을 활용할 수 있다.

실제 작업을 할 때는 흔히 포스트 잇 등을 활용해서 쉽게 작업 내용을 수정하면서 진행하는 것이 효과적이다. 예를 들어 통근 버스의 연착에 대해서 원인 분석의 로직 트리를 전개한다면 차량, 기사, 탑승객, 교통 환경 등으로 연역적인 로직 트리를 전개할 수 있다. 또 도심 교통 체증을 줄이기 위한 방안을 귀납적으로 전개하면 먼저 신호체계 개편, 불법 주차 단속, 고가도로 설치, 지하 차도 설치, 버스

승강장 정비, 버스 노선 확충, 지하철 운행시간 단축, 도심 기업 이전, 백화점 세일 기간 다변화 등으로 아이디어를 취합한다. 그런 다음 이를 그룹핑해서 도로 처리 효율 제고, 도로 확충, 대중교통 개선, 도심 유입자 억제로 다음 단계를 정리한 후 도심 유입 억제와 도로 처리 능력의 향상으로 마무리할 수 있다.

로직 트리는 목적에 맞게 체크리스트처럼 활용하거나 문제 분석, 원인 분석, 해결 방안 도출 등 필요한 용도에 따라 광범위하게 활용할 수 있는 이점이 있다.

첩보를 정보 지식으로

인생은 하나의 실험이다. 실험이 많아질수록 당신은 더 좋은 사람이 된다.
에머슨, "일기" 중에서

우리는 일상생활이나 조직생활을 하면서 도처에서 무수한 정보를 접하게 된다. 이때 어떻게 정보를 분석하고 판단하는지 사례 실습을 통해 생각해보자.

한 사무실에 여섯 명이 근무를 하고 있는데 이들의 이름은 이정희 여사, 박정훈, 최영수, 박동현, 김민준, 오서연이다. 이들의 보직은 팀장, 경리, 총무, 비서, 신입, 인사 담당이다. 다음 정보를 보고 이들의 보직을 연결해보자.

- 위의 여섯 사람은 한 사무실에서 일을 하고 있다.
- 박동현 씨는 결혼한 지 3년째지만 아직은 아이가 없다. 그래서 휴일에는 미혼인 김민준 씨를 꼬여 꽤서 가끔 등산을 하러 간다. 박동현 씨에게는 그 밖의 취미는 없다.
- 총무 담당은 아들의 진학 문제로 골치를 썩고 있다.
- 인사 담당은 양친이 모두 돌아가시고 누나와 단 둘뿐인데, 누나가 경리 담당에게 시집을 갔기 때문에 현재는 혼자서 살고 있다.
- 팀장 부부는 볼링에 재미를 붙여, 최영수 씨와 함께 볼링을 하러 갈 때도 있다.
- 오서연 양과 박정훈 씨는 약혼한 사이인데, 오서연 양과 같은 아파트에 살고 있는 비서도 두 사람의 결혼을 축하해주고 있다.

이 사례를 보면, 비교적 간단한 정보들이기 때문에 처음에는 적당히 암산식으로 연결하려고 시도하기 시작한다. 그런데 중간 중간 확실치 않은 정보들도 있고 상충되는 정보도 있어 즉각적인 판단이 어려운 것을 알게 되면 대부분 매트릭스를 그려 정보를 분석한다. 이 정보 분석을 하면서 혹, '팀장 부부가 같이 근무하는지' '인사 담당의 누나라면 성이 같아야 하는데 누구지?' 처럼 정보에 없는 사실을 추측하게 되면 분석 작업이 엉기게 된다. 사실 중심의 생 정보를 가지고 분석하는 것은 정보의 분석에서 가장 중요한 사항이다.

우리가 접하는 무수한 데이터(data)들은 사실 첩보 수준의 것들이 많다. 이들을 연결해서 상호간의 연관관계 등을 분석하면 활용 가능한 정보(information)의 수준으로 올라서게 된다. 이 정보에, 나름대로의 유추나 판단을 추가하면 가치 있는 정보 지식(intelligence)이 탄생하게 된다.

위 사례를 가지고 분석해 보면 이 팀은 크게 두 부류로 나뉜다. 팀장과 함께 볼링을 치러 다니는 총무 담당 두 사람, 그리고 나머지 사람들은 인사와 신입은 약혼한 사이이고, 인사와 경리는 처남 매부지간이고, 경리와 비서는 등산을 함께 하는 사람들이다. 혹시 총무 담당이 팀장에게만 잘 보이는 왕따 직원인지, 약혼 관계가 깨지면 팀에 어떤 영향이 있을지 등을 유추해보고 현장에서 확인하고 대책

[그림3-5] 정보의 수집과 분석

	박동현	박정훈	오서연	최영수	이정희 여사	김민준	관련 정보
팀장							부부 볼링
총무							기혼, 아들 진학 문제 고민
경리							기혼남
비서							오서연과 같은 아파트, 오서연 박정훈 축하
인사							독신남
신입							정보 없음
관련 정보	기혼, 자녀 없음, 등산(유일한 취미)	미혼남	미혼녀	볼링 (팀장 부부와)	정보 없음	미혼, 등산 (박동현과)	

[그림3-6] 정보 수집의 채널

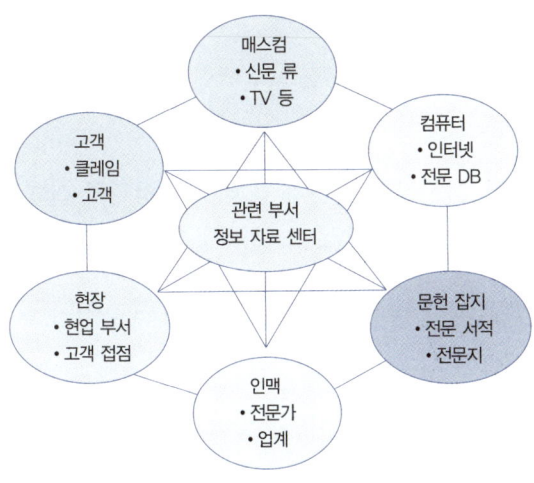

을 세워보면 좀더 정보를 유용하게 활용한 것이 될 것이다.

정보를 분석할 때에는 무엇을 알고자 하는지, 어디까지 수집해야 하는지, 어디에 정보가 있는지를 확인하여, 최대한 신속성을 유지하면서 정보 제공자를 조직화할 필요가 있다. 또한 왜 정보를 수집하려고 하는지, 아웃풋은 어느 정도인지 등을 확인하고 정보 수집을 위한 설계를 한 후 수집, 분석 작업을 진행한다. 정보 수집의 대상은 고객, 인맥, 대중매체, 인터넷, 문헌 및 전문 자료, 현장 등 다양한 경로를 통해 입수할 수 있는데 해당 정보를 통해 어떠한 분석을 하고 어떤 착안점을 얻을 것인지를 사전에 세밀하게 계획해야 한다.

그리고 수집된 정보를 해석해서 문제 해결의 목적에 맞는 메시지를 추출하고 설득력 있게 차트를 그린 후 프레임워크로 재정리해야 정보 분석의 의미가 있는 것이다. 차트와 그래프로 분석 결과를 표현하는 기술은 문서 작성과 전달에 관한 주제이기 때문에 여기서는 생략하기로 한다.

그리고 정보를 분석할 때는 수집 대상을 정확히 선별해 상식적인 오류를 범하지 않도록 주의해야 한다. 과거 미국 대선의 여론 조사에서 민주당 루즈벨트 대통령은 공화당 후보보다 여론조사에서 절반의 지지율밖에 나타내지 못했는데도 선거에서 압승을 거두었다. 이유를 확인해보니 이때 사용했던 방법이 전화 여론 조사였는데, 공화당을 지지했던 상류층 사람들 이외의 사람들은 전화를 가지고 있지 않았던 것이었다.

우리가 의사결정을 할 때도 정보 분석에 의한 불확실성 수준의 파악이 고려되어야 한다. 우리들 누구건 주차를 하려고 하는데 목적지에 주차 공간이 없어서 주변을 빙빙 돌았던 경험이 있을 것이다. 주차 공간이 없으면 유료 주차장에 주차하거나, 특정 빈 공간에 불법으로 주차를 해야 한다. 불법 주차 구역의 주차 여부는 유료 주차장의 주차료 수준도 고려사항이 되겠지만 주차 단속원이나 견인차 같은 우리가 제어할 수 없는 상황이 변수가 된다. 불법 주차 후 단속되지 않으면 나에게는 가장 큰 이익이 되겠지만 그 불확실성을 감수하기 어려우면 비용을 지불하고 유료 주차를 해야 할 것이다. 결국 통제할 수 없는 불확실성의 수준은 의사결정에서 매우 중요하게 고려해야 하는 요소라고 볼 수 있다. 따라서 정보의 정확한 분석을 통해 불확실성의 수준을 정확히 파악하는 것이 문제 해결에 매우 중요한 단서가 된다.

가상의 해결안, 가설

어떤 현상을 설명하기 위해 상정되는 가설의 수는 입수된 정보의 양에 반비례한다.

가설이란 무엇인가? 그것은 긍정될 수도 부정될 수도 있는 가상의 해결안이다. 사실에 기초한 추측으로 정답일 가능성이 높은 것이면서 나중에 증명할 필요가 있는 실증 가능한 가정이라고 할 수 있다. 또한 문제에 착수하기 위한 플랜이고, 해결책의 대체적인 루트이며, 지혜의 출발점인 것이다. 즉 가설이란 '아직 타당성이 증명되지는 않았으나 여러 경험적 사실들을 종합적으로 고려하여 임시로 설정한 잠정적 결론'을 말한다.

'가설 중심의 사고'에 의해 경험과 지식을 바탕으로 가설을 세우고 가설 분석을 위한 정보 파악과 가설 수정 과정을 반복하면, 판단력의 향상은 물론 낭비를 줄이고 문제 해결의 성공확률을 높일 수 있다. 고미야 가즈요시는 『창조적 발견력』에서 탁월한 가설의 필요성에 대해 다음과 같이 강조하고 있다.

- '가설'이란 하나의 '기준'이라 할 수 있다. 가설을 갖고 있으면 사물이 좀더 잘 보인다. 즉 평소에 관심 있게 보던 것도 거기서 한 걸음 나아가 어떤 기준을 갖고 보면 더욱 확실하게 보이는 것이다.
- 탁월한 가설을 갖고 있으면 사물의 차이가 비슷하다는 것과 인과관계 등의 관련성을 알 수 있게 된다. 하지만 가설이 없으면 사물의 존재는 인식할 수 있으나, 그 이상의 것은 결코 보이지 않는다. 창조적 발상으로는 연결되지 않는 것이다. 따라서 사물의 핵심을 발견해내는 능력은 가설을 세우는 능력에 따라 결정된다고 할 수 있다.
- 어떻게 가설을 세울까? 먼저 많은 사람들의 범용성에서 힌트를 찾아라. 그리고 그 힌트를 통해 범용성 안에서 미처 발견하지 못한 '특별한 필요성'을 찾아내라.
- 사례 예시: 어떤 의류 회사가 있다고 하자. 이곳에 근무하는 직원들은 누구나 유행하는 패션에 민감한 관심을 갖고 있다. 그래서 어떤 팀장이 직원들에게 "현재 2, 30대 젊은 여성들 사이에서 가장 유행하는 색깔을 조사해라"라고 말했다. 그 결과가

검정색으로 나왔다고 하면, 그 팀장은 다시 이렇게 요구할 수 있다. "검정색 패션이 유행이라는데, 정말로 그런지 실제 시내 번화가에 나가 검정색 옷을 입고 다니는 젊은 여성들의 비율을 측정해보아라." 그러면 직원들은 그 비율을 매우 정확하게 파악해올 것이다. 직원들의 과제 수행이 이 수준까지 이르면, 이제 비로소 앞으로 유행할 패션에 대해 다양한 가설을 세울 수 있다. 즉 검정색 가운데 어떤 톤의 검정색이 유행하고 있는지, 검정색을 가장 잘 표현하는 옷감 소재는 무엇인지, 검정색 옷이 유행한다는 건 경기가 그만큼 좋지 않다는 걸 반증한다는 속설은 과연 옳은지, 유행하는 색깔의 반복 주기를 살펴 검정색 다음에 유행할 색깔은 무엇인지 등 다양하고 유의미한 가설들이 수립될 수 있다. 직원들은 이 같은 가설들을 입증하기 위해 패션의 역사를 공부하고 관심조차 갖지 않았던 일간지 경제면을 스크랩할지도 모른다.

가설을 활용하는 데 있어서 브라이트먼이 제시하는 가설의 교훈은 시사하는 바가 크다.

- 제1의 교훈: 가능한 한 많은 가설을 세울 것. 가설의 수가 많을수록 문제를 해결할 가능성이 높아진다.
- 제2의 교훈: 완전히 증명이 끝난 가설은 있을 수 없다. 가설이

란 어느 정도 의심을 제거하고 충분히 납득이 가능해졌을 때 비로소 받아들여지는 것이다.

- 제3의 교훈: 단순한 가설은 복잡한 가설을 배척한다. 단순성을 유지해라.
- 제4의 교훈: 가설을 바르게 사용함으로써 더 많은 데이터를 찾아야 할 방향이 설정된다. 가설은 문제 해결의 길을 비춰준다.
- 제5의 교훈: 많은 가설을 세우고 문제 해결이라는 경기장에서 경쟁을 시켜라. 정말로 가능성이 있는 것만 길러라. 대역은 필요치 않다.
- 제6의 교훈: 가설에 대하여 성급하게 결론을 내리고 빠져들어서는 안 된다. 충분한 사실에 수집될 때까지 결단을 연기해라. 불확실성을 꾹 참고 유연성을 유지해라.
- 제7의 교훈: 가설을 반증하는 증거, 즉 부정 증거를 묵살해선 안 된다. 그것도 긍정 증거와 마찬가지로 중요한 것이다.

쉬어가는 페이지

존 네이스비트의 마인드 세트

- 마인드 세트 1 아무리 많은 것들이 변한다 해도 대부분은 변하지 않는다. 매년 수만 개의 제품이 만들어지지만 그 중 90%는 흔적도 없이 없어진다. 일시적인 유행인지 근본적 변화인지를 파악해야 한다.
- 마인드 세트 2 미래는 현재에 있다. 현재의 현상에 대해 좀 더 깊이 있게 검토해라. 신문을 날마다 정독하는 것도 미래를 스케치하는 데 도움이 된다.
- 마인드 세트 3 게임 스코어에 집중해라. 게임의 결과에 대해 변명이나 칭찬이나 어떤 분석도 그 결과를 바꾸지는 못한다.
- 마인드 세트 4 언제나 옳을 필요는 없다. 아인슈타인은 타인과 논쟁하기보다 자신만의 사고를 발전시키는 것을 좋아했다. 자신의 이론이 틀리는 데 염려하지 말고 상상의 자유를 즐겨라.
- 마인드 세트 5 그림 퍼즐처럼 미래를 분석하라. 겉으로 관계없어 보이는 것들의 연관성에 주목해라.
- 마인드 세트 6 너무 앞서서 행진하지 마라. 미세하게 시장의 흐름에 약간씩 앞서가라.
- 마인드 세트 7 변화에 대한 저항은 현실의 이익 앞에 굴복한다. 변화를 강요하지 말고 변화를 통해서 얻을 수 있는 그들의 이익에 대해 설득해라.
- 마인드 세트 8 기대했던 일은 언제나 더디게 일어난다.
- 마인드 세트 9 성과를 얻으려면 기회를 활용해라.
- 마인드 세트 10 덜어낼 수 없다면 더하지 마라.
- 마인드 세트 11 기술의 생태학을 명심해라.

제4강

원인 & 대안 레시피

원인 분석은 압축의 미학

해결 방안 도출하기

참여형 리더의 문제 해결

원인 분석은 압축의 미학

> 잘못 파악된 원인에 의해 정확한 의사결정을 하는 것만큼 비능률적이고 위험한 것은 없다.
> **피터 드러커**

원인 분석의 기법 중 가장 먼저 떠올릴 수 있는 것은 '5 Why' 기법이다. 이것은 주어진 문제에 대해서 '왜 그런 문제가 발생하는가' '그 원인은 어떤 이유에서 발생하였는가'에 대한 질문을 던지면서 가장 근본이 되는 원인을 찾아가는 방식이다.

예를 들어 '조립라인이 정지되었다' 왜? '발전기 손잡이의 밀대가 휘어서' 왜? '베어링이 망가져서' 왜? '윤활유가 적어서' 왜? '담당자가 게으른 편이어서' 식으로 논리를 전개했다면 제대로 전개된 것일까? 조립라인이 선 것이 밀대가 휜 이유 때문이라는 것이 확실하다면 다음 질문으로 넘어가면 된다. 하지만 윤활유가 적은 것이 담당자가 게을러서라는 표현은 뭔가 주관적이거나 비약의 느낌이 든다. 질문에 대해 답해갈 때 다음 단계의 100% 원인일 때 다음 단계를 진행해갈 수 있다. 예를 들어 윤활유 이상이 확실하다면, '조립라인의 정지'라는 포괄적인 과제로 원인 분석을 착수하지 말고 윤활유 부족을 가지고 원인 분석에 들어가야 한다.

로직 트리와 5 Why를 비교해보면, 로직 트리는 조립라인의 정지에 대해 원인으로 생각해볼 수 있는 모든 경우를 검토하는 방식이기 때문에 시간이나 효율성이 떨어질 가능성이 높다. 따라서 분석이 필요한 중요한 과제에 대해서만 로직 트리를 전개하는 것이 필요하다.

원인 분석에 활용 가능한 다른 방법으로 피시본, 마인드 맵, 파레토 법칙 등을 들 수 있다. 이 기법은 간단한 문제를 분석할 때 활용 가능하지만 개념적인 면에서는 로직 트리와 다르지 않다. 실제로 복잡한 문제에 대해 피시본 등의 방식으로 작업을 해보면 공간적으로 작성의 불편함이 느껴진다. 따라서 로직 트리는 효율성보다는 완벽성이 뛰어나고 제반 기법들을 통합하는 개념적인 강점을 가지고 있다.

소득 분배 법칙으로 잘 알려진 빌프레드 파레토가 정의한 파레토의 법칙은 '20 대 80의 법칙'으로 알려져 있다. 이는 투입의 20%가 전체의 80%를 차지하며 상위 20%의 사람들이 전체 수입의 80%를 차지한다는 법칙이다. 상위 20%의 고객이 매출의 80%를 차지하고, 20%의 불만 고객이 80%의 불만 건수를 점유한다는 것이다. 따라서 주요한 상위 20%의 원인에 집중하면 문제의 80%를 해결할 수 있다고 볼 수도 있다.

이 법칙에 의한다면 100명의 고객이 1억원의 매출을 기록하고 있는 상점이 있을 때 상위 20명이 8,000만원의 매출을 올리기 때문에 1인당 400만원의 매출액을 기록하고 있음을 알 수 있다. 반면 나머지 80명의 고객은 2,000만원의 매출을 올려주므로 1인당 25만원의 매출을 기록하는 것으로 보인다. 즉 상위 20%는 하위 80%보다 평균 16배의 가치를 지닌 고객임을 확인할 수 있다.

이런 원리에 의한다면 직장에서도 우수한 20% 직원들은 하위 직원보다 16배의 성과를 올릴 수 있으므로 급여를 4배로 주어도 회사에 그 4배의 이익을 가져다준다고 판단할 수 있다. 따라서 문제 해결의 과정에서는 중요한 문제들에 집중하고 이를 추가적으로 분석해가는 과정을 통해 해결의 효과를 극대화한다. 사소한 원인이나 눈에 띄는 쉬운 원인은 별도의 분석을 필요로 하지 않기 때문이다.

원인을 분석할 때 우리들은 선입견이나 전제를 기정사실화하지 않는가를 늘 점검해볼 필요가 있다.

예를 들어서 어떤 남자가 고층빌딩에서 일하고 있다. 매일 아침 엘리베이터를 타서 10층의 버튼을 누르고 10층에서 내려 15층까지 계단으로 올라간다. 저녁에 일을 끝내면 1층 버튼을 누르고 1층에서 내린다. 이 남자는 왜 이런 행동을 할까?

일반적으로 생각할 때는 '이 남자가 계단을 오르는 운동을 한다'

'엘리베이터가 아침에는 10층까지만 운행한다' '이 남자는 괴짜이다' 등으로 얘기할 수 있다. 하지만 이 답들의 전제에는 이 남자가 보통의 성인이라는 것이 깔려 있다. 그런데 예를 들어 이 남자가 키가 매우 작아서 10층 이상을 누를 수 없다면 전혀 다른 해법이 전개되어야 할 것이다.

별도의 원인 분석 기법으로 '케프너-트리고(Kepner & Tregoe) 기법'을 들 수 있다. 원인 분석은 '무엇이 원인인가'를 찾는 과정이므로 문제의 핵심 원인을 찾는 것이 중요하다. 원인 분석의 첫 단계는 무엇에 대한 원인 분석인지를 명확하게 표현하는 것이다. 이때는 하나의 대상에 대한 하나의 결함 현상으로 범위를 명확하게 설정하여야 한다. 그리고 나서 문제가 일어난 상황을 '육하 원칙'에 의해서 정리하는데, 문제 상황과 함께 왜 다른 대상에는 안 일어났는지 비교 정보를 함께 작성해서 일어난 사실을 명확히 드러나게 해야 한다. 그 다음에는 문제 상황과 비교 대상의 차이가 무엇인지 파악하고 그 차이에 최근 어떠한 변화가 있었는지를 확인한다. 이 차이점과 변화를 보고 가능한 원인을 상정하고 논리적인 테스트를 거쳐 가장 가능성이 높은 원인을 찾아내는 프로세스가 원인 분석 기법이다. 이 기법의 기저에는 가설 중심, 사실 중심의 사고가 깔려 있다.

이 기법에서는 발생된 사실을 명확하게 하기 위해 일어나지 않은 곳과 일어난 사실의 차이점과 최근의 변화에 주목한다. 우리가 우수 직원의 노하우를 파악할 때도 미흡한 직원들과의 차이를 예리하게 비교해서 핵심 포인트를 찾듯이 예리한 대비의 통찰력을 발휘하는 것이 중요하다. 일반적인 조직 내 원인 분석 작업은 생각할 수 있는 모든 원인들을 나열하고 각각에 대책을 세우거나, 주관적이고 피상적인 표현으로 대책을 모호하게 하는 경우를 많이 보게 된다. 원인 분석의 목적은 정확한 원인을 찾아 제거하는 것이기 때문에 가장 가능성이 높은 원인을 논리적으로 파악한 후, 핵심 원인부터 확인해나가는 압축적인 사고가 무엇보다도 필요하다. 원인 분석은 과거에 일어난 발생형의 결함 현상에 대해 범인을 추적하고 알리바이를 확인해가는 과정으로, 복잡한 사건의 정황을 파악해가면서 여러 용의자들 중에서 범인을 지목해가는 압축의 미학이 적용되는 프로세스라

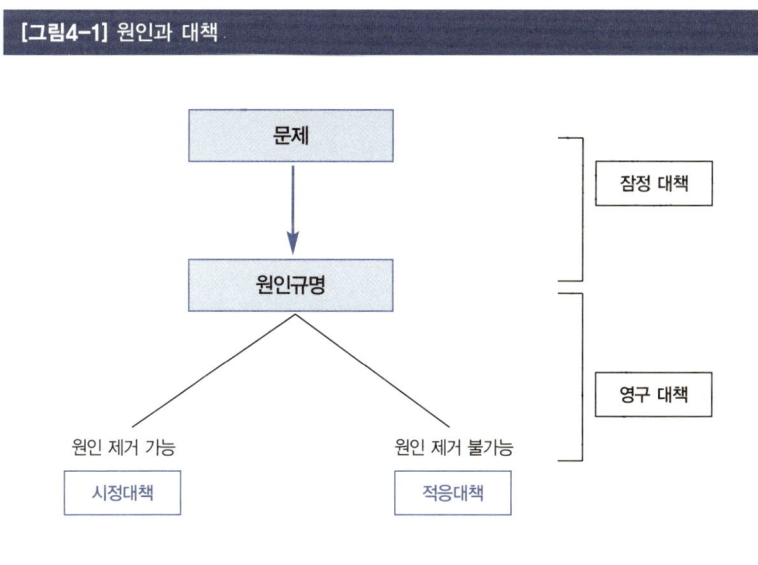

[그림4-1] 원인과 대책

고 할 수 있다. 마치 우리가 멀리서 잔디밭을 보면 멋진 녹색의 평원이 연상되지만 가까이 가보면 멀리서는 보이지 않았던 자질구레한 쓰레기들이 보이는 것과 같다. **상황** 분석에서는 멀리서 잔디밭 전체를 조망하는 시각이 필요하지만 원인 분석은 세세한 어떤 결점들이 문제를 일으켰는지를 압축해서 살펴보는 치밀함이 필요하다.

우리는 문제가 발생했을 때, 시간적으로 급박한 잠정적인 대응 방안을 우선적으로 시행하면서 원인 분석 작업에 들어가게 된다. 파악된 원인 중에서 제거가 가능한 원인은 시정 대책을 세우면 되겠지만, 회사 차원에서 해결이 어려운 원인(예: 환율, 유가, 날씨, 법규 등)은 심각성을 최대한 줄일 수 있도록 적응 대책을 수립하여야 한다. 잠정 대책과 적응 대책이 세워지면 원인이 파악되어 근본적으로 문제가 해결되었다고 볼 수 있을 것이다.

해결 방안 도출하기

> 대충 맞는 것보다는 완전히 틀린 게 낫다.
> **리 아이아코카**

해결 방안의 도출은 환경 분석, 테마 설정, 문제 분석, 원인 분석을 거친 중요한 원인들에 대해 해결 방안을 수립하는 단계이다. 그동안 작업해온 분석 결과를 바탕으로 하되 다양하고 유연한 사고를 추가로 적용해서 혁신적인 해결 방안을 모색해야 한다. 과거 링컨 대통령의 예를 들어보자.

미국 남북전쟁 당시 북군의 미드 장군이 이끄는 8만 군대는 남군의 리 장군이 이끄는 6만 군대와 대치하고 있었다. 미드 장군은 남군의 진지를 공격하려고 하고 있었는데, 독일 병법에 따르면 진지 탈취를 위해서는 방어 측 2에 대해서 공격 측 3의 병력 비율이 필요하다고 한다. 그래서 미드 장군은 링컨 대통령에게 1만 명의 병력 증강을 요청했다. 당신이 링컨 대통령이라면 어떻게 하겠는가?

링컨 대통령은 미드 장군에게 즉시 수세로 전환하라고 명령했다. 그렇게 하면 병력 비례 법칙에 따라 리 장군의 6만 군대를 방어하는 데 4만의 병력이면 가능하고, 나머지 4만의 병력으로 위협을 가할 수 있게 된다는 것이다. 그후 미드 장군의 승리로 남북전쟁을 단숨에 종결시킬 수 있었던 것은 역사에 알려진 사실이다. 이렇듯 관점의 전환과 틀에 얽매이지 않는 유연한 사고가 해결안의 도출 단계에서는 특히 필요하다.

뉴욕의 줄리아니 전 시장이 늘어나는 강력 범죄에 대응하기 위해서 부랑인이 붐비던 지하철로 출퇴근하면서 경범죄에 대한 단속을 강화하자 중범죄까지 줄어들었다는 사례를 본 적이 있다. 이는 문제를 뒤집어서 생각해 보는 역발상적 해결 방안의 예에 해당된다. 수조의 미꾸라지나 청어가 활력이 없을 때 천적인 메기를 넣으면 미꾸라지의 운동력이 살아나면서 통통하게 살이 찌게 된다는 '메기론'도 문제를 축소하지 않고 문제를 둘러싼 시스템 전체로 확대해서 해결 방안을 모색한 예에 해당된다고 볼 수 있다.

500명의 참가자가 있는 테니스 토너먼트에서 한 시합에서 한 사람이 승리한다면 우승자를 결정하는 데 몇 회의 시합이 필요할까?

여기서는 참가자를 500명이 아니라 4명이라고 가정해보면, 3회의 시합으로 우승자가 결정된다. 5명이면 4회, 500명이면 499회의 시합이 필요하고 499명의 패배자가 발생한다. 이 사례는 오히려 문제를 분해해서 해결안을 찾은 예가 된다. 이런 다양한 예에서 보듯이 해결 방안을 모색할 때는 특히 유연한 사고방식으로 임하는 것이 좋다.

해결 방안의 아이디어를 얻는 방법으로 벤치마킹이나 프로세스 매핑 기법 등도 고려해볼 수 있다. 벤치마킹은 선진 경쟁 기업과 비교해서 개선의 포인트를 찾는 방식이고, 프로세스 매핑은 과제의 범위가 복수 조직과 관련된 것이거나, 단위 업무의 프로세스 개선을 위한 것일 때 개선의 착안점을 얻기가 용이한 기법이다. 이는 해당 프로세스와 관련해서 부서, 팀 간의 상호관계를 보여줌으로써 복잡한 프로세스를 가시화시켜 개선의 기회와 가능성을 발견할 수 있도록 한다. 또 지나쳤던 장애물, 중복 업무, 불필요한 활동 등의 문제를 전체적으로 조명함으로써 재검토가 가능해질 뿐 아니라 프로세스의 각 단계에서 제거, 단순화, 결합 등을 통하여 효율화하는 데 유용한 방법이다.

벤치마킹의 진행 절차는 우선 현상을 분석(as is map)하여 문제와 원인을 파악하고 현재 프로세스의 성과를 분석한 후 개선 포인트를 도출해서 이상적인 프로세스를 구성(should be map)하는 순서를 거친다. 하지만 단순히 선진 요소를 모방하는 벤치마킹에 그치지 말고, 이를 활용하고 추가적인 경쟁우위 요소를 접목하여 더 나은 우리만의 그 무엇을 창조하는 것에 목적을 둘 것을 권하고 싶다.

해결 방안이 도출되고 나면, 결정하기 전에 각 각의 안에 대한 노력과 효과 분석(pay off matrix)을 해보는 것이 최종적인 판단에 도움이 된다. 노력이 적게 들지만 효과가 높은 방안은 강력하게 추천하고(그랜드 슬램 영역), 효과도 낮고 노력도 적은 안은 기각을 검토한다(스톨른 베이스영역) 그리고 노력은 많이 들지만 효과가 적은 방안은 당연히 기각하고(스트라이크 아웃 영역), 노력이 많이 들지만 효과가 높은 안은 긍정적으로 검토(엑스트라 이닝 영역)해야 한다. 실제 작업에서 그랜드 슬램 영역의 방안이 많이 나오면 좋겠지만 일반적으로는 새로운 이닝 영역의 방안이 많이 도출된다.

실행 안들에 대해서 실행의 용이성이나 중요도, 비용이나 노력의 투입, 긴급성 등 검토 요소를 고려해서 용기 있게 결단하는 것이 필요하다. '사업은 과학이 아니고 예술이다(business is not science but ART)' 라는 말이 있다. 여기에서의 ART를 'active risk taking', 과감한 위험 감수로 표현하듯이, 종합적이고 체계적인 분석을 거쳤다면 기업가적인 용기로 외로운 결단을 내려야만 한다.

[그림4-2] PAY-OFF 메트릭스

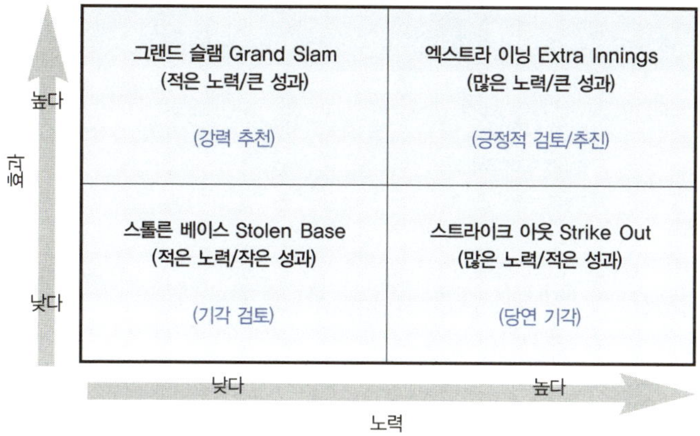

	효과 낮다 ← 높다	
그랜드 슬램 Grand Slam (적은 노력/큰 성과) (강력 추천)	**엑스트라 이닝 Extra Innings** (많은 노력/큰 성과) (긍정적 검토/추진)
스톨른 베이스 Stolen Base (적은 노력/작은 성과) (기각 검토)	**스트라이크 아웃 Strike Out** (많은 노력/적은 성과) (당연 기각)

노력 낮다 → 높다

참여형 리더의 문제 해결

일찍 일어나고 일찍 자며, 지옥과 같이 일하고 조직화하라.
앨버트 고어 2세

문제 해결은 공동의 과제이다. 어떻게 참여와 공감을 얻으면서 문제 자체에 집중하고 아이디어를 활성화시킬까 하는 데에는 참여형 리더십의 발휘가 매우 중요하다. 노먼 마이어는 직원들의 참여를 이끌면서 문제를 해결하기 위한 참여형 리더의 문제 해결 원칙을 다음과 같이 제시하고 있다.

❶ 가능한 쪽을 강조하고 장애를 극복해라: 지엽 말단에 시간을 소비하지 말고 주의를 진짜 문제에 집중시켜야 한다. 제어하기 어려운 부분 보다는 바꿀 수 있는 요소에 주목하여 해결안을

모색한다.

❷ 이미 존재하고 있는 해결책을 적용하려고 하지 마라. 문제는 모두 다른 것이다: 새로운 문제에 과거의 해결책을 들이대지 마라.

❸ '어떤 이름을 붙일까?' 문제의 정의는 가능한 많은 것을 생각하게 해라: 문제를 어떻게 정의하느냐에 따라 다른 정의나 해결안이 제한된다.

❹ 문제 지향이 되어야지 해결안 지향이어서는 안 된다: 조급한 결론을 내리고 싶은 욕구를 자제해라.

❺ 불만을 창조적인 방향으로 이끌어라: 누구의 책임 소재인지에 향하게 하지 말고 문제 자체에 향하게 해라.

❻ 아이디어를 내는 단계와 아이디어를 평가하는 단계를 명확히 해라: 성급하게 아이디어 평가 단계로 넘어가지 않게 해라.

❼ 조직 구성원 일부가 토의를 독점하지 않도록 해라: 함께 참여시키고 감정을 존중해라.

❽ 문제를 '선택에 몰린 상황'으로 생각해라: 해결 방안들을 경합시켜 효과적인 해결의 확률을 높여라.

❾ '선택에 몰린 상황'을 문제로 간주해라: 해결안이 좁혀질 때 투표로 결정하지 말고 다시 한번 문제를 정의하고 검토해보게 해라.

❿ 권력을 과시하려 하지 마라: 리더는 문제 해결자이면서 진행

자가 되어야 한다. 사전에 해결안을 가지고 토의에 들어가지 말라.

R. 알렉 매킨지는 『3차원 경영 프로세스』라는 책에서 경영에는 두 가지 기본적 기능이 있다고 주장하고 있다. 하나는 구분 가능한 단계적 기능으로 기획, 인사, 조직 관리 등이고, 두 번째는 보편적 계속 기능으로 문제 해결과 의사결정을 꼽고 있다. 이 주장과 관련한 아벵의 연구에 의하면, 유능한 매니저는 문제가 없는가를 스스로 탐구하고 중요한 결정을 내리는 반면, 무능한 매니저는 정해진 순서에 집착하고 문제가 일어날 듯한 상황은 피해 가면서 중요 의사결정을 내리지 못하는 경향이 있다고 한다.

노벨상을 수상했던 허버트 사이먼이 명명했던 '프로그램화된 문제 해결'은 표준화된 운영 순서(SOP: standard operating procedures)나 과거의 해결법을 그대로 적용하는 방식으로, 이 방식만을 맹목적으로 따르는 매니저는 '금방 문제를 해결하는 사람'으로 생각되기 쉽겠지만 폐렴에 일반 감기약을 처방하는 것과 같은 위험성이 있음을 경고하고 있다. 그리고 유능한 문제 해결의 리더는 '누구의 탓'으로 돌리고 싶은 강한 욕구를 극복할 수 있는 사람이어야 할 것이다.

문제 해결에 임하는 리더는 문제의 진단 시 위험 상황인지 애매한 상황인지를 확인해야 하고, 목표가 합리적인지 논리적인지, 목표의 우선순위는 적절한지, 복수의 대체 안이 고려되었는지, 논리적 판단에 의한 결정인지, 주관적 판단인지, 의사결정이 투명한지 불투명한지, 직선적인지 순환적인지, 문제 해결과 의사결정이 목적에 맞는지 단순히 위험상태에서 멀어지고 있을 뿐인지를 인식하고 프로세스를 진행하여야 한다.

쉬어가는 페이지

서비스 품질의 10원칙

1. 유형성 : 물리적 시설, 장비, 직원, 자료 등
2. 신뢰성 : 약속한 서비스를 믿을 수 있고 정확하게 수행하는 능력
3. 반응성 : 고객을 기꺼이 돕고 신속한 서비스를 제공하려 하는 것
4. 능력 : 필요한 기술과 서비스를 수행할 지식의 소유 여부
5. 예절 : 일선 근무자의 정중함, 존경, 배려, 그리고 친근함
6. 신빙성 : 서비스 제공자의 신뢰성, 정직성
7. 안전성 : 위험, 의심의 가능성이 없는 것
8. 가용성 : 접촉 가능성과 접촉 용이성
9. 커뮤니케이션 : 고객들이 이해하기 쉬운 고객 언어로 이야기하는 것, 고객의 말에 귀를 기울이는 것
10. 고객 이해 : 고객의 욕구를 알기 위해 노력하는 것

제5강

의사결정 레시피

의사결정 따라하기
의사결정 트리
응집력과 집단 사고
그룹 다이내믹스
패러녹스의 통합
윈윈을 위한 공감적 의사결정

의사결정 따라하기

사슴을 쫓는 사람은 토끼를 쳐다보지 않는다.
유안의 '회남자' 중에서

문제 해결과 마찬가지로 의사결정에도 '지금 현재의 나를 만든 것은 지금까지 내가 해온 의사결정의 결과이다'라는 말이 적용될 수 있다. 의사결정이 우리의 인생이나 조직생활에 얼마나 큰 영향을 미치는가를 생각해 보면 이해가 될 것이다.

『네 안에 잠든 거인을 깨워라』의 저자 앤서니 라빈스는 '결단의 순간들에 의해 운명이 형성된다'고 주장한다. 사람의 운명을 결정짓는 것은 주위의 환경조건이 아니라 '자신의 결단'이고, 성공과 실패는 하루아침에 결판나는 일이 아니며, 뜻대로 되지 않는 건 신이 시기를 늦추는 것뿐이지 신의 거절은 아니라고 말하고 있다. 그가 말하는 '나이아가라 증후군'은 인생이라는 강물에 의식적인 결단 없이 마냥 떠밀려 가는 무의식적인 삶을 살다가 어느 날 갑자기 물살이 빨라지고 요동치는 소리에 놀라 정신을 차려 보면 이미 나이아가라 폭포 앞에 당도했음을 깨닫게 된다는 것으로, 상류에서 미리 결단을 내린다면 폭포 아래로 추락하는 것은 막을 수 있다는 말이다. 앤서니 라빈스가 강조하는 '결단의 힘을 활용할 수 있는 여섯 가지 방법'은 다음과 같다.

- 결단의 진정한 힘을 기억해라. 결단은 어느 순간이라도 인생을 통째로 바꿀 수 있는 도구이다.
- 목표를 이루는 데 가장 어려운 것은 진정한 결단을 하는 것이다. 대부분 그것을 집행하는 일은 결단 자체보다는 쉽다.
- 결단을 자주 내려라. 결단을 자주 내릴수록 더 잘하게 된다.
- 결단으로부터 배워라. 실패할 때는 '나는 이 일에서 무엇을 배울 수 있었을까'를 질문해라.
- 결단한 목표를 단호히 추구하되, 유연하게 접근해라.
- 결단 내리기를 즐겨라. 결단을 내리는 순간 우리는 인생 항로가 영원히 바뀔 수 있다는 것을 알아야 한다.

우리가 일반적으로 행하는 의사결정 방식을 확인해보기 위해, 어느 여성과 결혼할까 고민하고 있는 어느 노총각의 배우자 결정 사례를 한번 생각해보자.

회사에서 꼼꼼하게 일 잘한다는 평가를 받고 있는 나숙맥 대리는 올해 30대 후반의 장래가 촉망되는 직원이다. 입사 후 10년여의 회사 생활에 최선을 다하다 보니 결혼이 좀 늦어졌고, 작년까지만 해도 결혼보다는 일이 우선이라는 생각에 결혼을 급하게 생각하지는 않았다. 하지만 최근 들어 부모님의 결혼 독촉이 부쩍 심해지고 늘 자신과 잘 어울려 다니던 김빠진 대리가 석 달 전에 결혼하고부터는 자신도 결혼을 서둘러야겠다고 생각했다.

특히, 요즘 신혼의 단꿈에 빠져있는 김 대리가 입만 열면 자기 아내가 미인이라는 자랑에 귀가 따가울 지경이다. 나 대리는 김 대리의 집들이 이후에 이왕 늦은 결혼인데 무슨 일이 있어도 자신의 신부감은 김 대리 아내보다는 미인인 사람을 선택해서 김 대리 코를 납작하게 만들어야 겠다고 결심했다.

지난 일요일에는 우연히 부모님과 신부감에 대해 이야기할 기회가 있었다. 아버님께서는 "여자는 요리 솜씨가 좋아야 한다"고 하셨고, 어머니는 "네가 집안의 장손이고 동생들도 많고 하니 성격이 무던한 며느리였으면 좋겠구나"라는 이야기를 하셨다. 일리 있는 이야기지만 그는 요즘처럼 어려운 시기에는 경제력을 갖추고 있는 것이 가장 중요하다고 생각한다. 특히 아내가 맞벌이를 할 수 있다는 것은 경제적으로도 큰 도움이 되고, 무엇보다도 아내가 자신만의 일과 시간을 가진다는 것은 장기적으로 원만하고 바람직한 부부관계를 위해 꼭 필요할 것이라는 생각에서 맞벌이 조건을 매우 중요하게 생각한다.

사실 나숙맥 대리는 급한 마음에 얼마 전부터 세 명의 아가씨를 동시에 만나고 있다. 세 명 모두 자신에게 어느 정도 호감을 가지고 있는 듯하다 이제 누군가를 선택해야 하는 시점에 도달한 것 같은데 선뜻 결정을 내리기가 어려워 고민이다.

첫 번째 후보는 2년 전 미인대회에 출전하여 미스 서울로 선발되었던 것을 계기로 모 방송국의 리포터로 활동 중인 나공주 양이다. 나공주양은 외동딸로 어느 정도 집안에 재산도 있다고 들었다. 가끔 자기중심적으로 생각하는 점과 잘난 체하는 것 그리고 잘할 수 있는 요리가 라면 끓이기뿐이라는 점이 마음에 걸린다. 또 한국방송계의 발전을 위해 결혼 후에도 계속 방송 활동을 해야 한다는 그녀의 공주병 증상이 지금은 귀엽게 보이지만 나중에 문제가 될 것 같기도 하다.

두 번째 후보는 시내 큰 약국에서 약사로 근무하고 있는 김성실 양으로 동생들의 학비를 자신이 모두 책임지고 있을 만큼 착실한 아가씨이다. 몇 번의 데이트 도중 지하도 등에서 마주치는 걸인을 그냥 지나치는 법이 없고, 한 달에 두 번씩은 양로원을 방문하여 의료봉사를 계속하는 등 착한 심성이 나 대리의 마음에 든다. 외모도 무난하고 결혼 후에는 집 근처에서 개인 약국을 운영하는 것이 꿈이라고 이야기하곤 한다. 지난 일요일에는 그 동안 다녔던 요리학원을 수료하고 한식 요리사 시험까지 봤다고 한다.

세 번째 후보는 세련된 스타일에 현재 모 대학 대학원에 재학 중인 최백조 양이다. 그녀는 자신의 자녀들은 꼭 엄마가 키워야 된다고 생각한다면서 결혼 후에는 좋은 엄마, 좋은 아내가 꿈이라고 한다. 지금 대학원에 다니고 있는 것도 나중에 태어날 자녀 교육을 보다 효과적으로 하고 싶어서라고 이야기하는 아가씨이다.

여성들의 생각은 아직 잘 모르겠지만, 나 대리는 세 명의 여성 중 누구를 선택할지 생각하다가 우선적으로 미인이면서 맞벌이를 할 수 있으면 좋겠다는 생각을 했다. 그리고 가급적 처녀와 결혼하고 싶다는 생각이 들었다. 과연 나숙맥 대리는 누구와 결혼해야 하고, 어떤 절차로 의사결정을 하여야 할까?

자, 내가 이 노총각이라면 어떻게 의사결정을 해야 할까? 의사결정의 첫 단계는 '무엇을 위해서 무엇을 결정하는가' 하는 의사 결정의 목적 확인이다. 예를 들어 동창회에 다녀오면서 '에이, 나도 자동차를 바꿔야지' 하고 생각하는 사람과 '기름 값이 너무 올라 자동차를 바꿔야지'라고 말하는 사람의 의사결정 결과는 얼마나 다르겠는가? 아마도 동창들을 생각할 때는 좀 더 크고 좋은 차로 결정할 가능성이 높고, 기름 값을 생각한다면 좀 더 경제적인 차를 선택할 것이다. 따라서 결정의 목적이 무엇인가에 따라 의사결정의 결과가 달라질 수밖에 없다.

그리고 결정을 할 때 '내가 세미나에 참석할까 말까?'라는 식의 단선적인 의사결정을 하는 것보다는 '왜 세미나에 참석하려고 하는지'의 목적을 먼저 확인해볼 필요가 있다. 업무상의 정보 획득이 목표인지, 대인 네트워크의 확보가 목표인지, 나의 업무 성과 향상이 목적인지, 자기 계발이 목적인지 등의 근본적인 목적을 먼저 살펴본다. 그런 후에 가장 중요한 목적을 가지고 의사결정을 하기 시작한다면 단순하게 '세미나에 갈까 말까'가 아닌 다양한 또 다른 대안들이 떠오를 수 있을 것이다.

그 다음에는 기대 성과와 보유 자원을 고려해서 균형감을 가지고 의사결정의 기준들을 확정해야 한다. 예를 들어 나 대리가 성격, 학력, 재력, 외모, 요리, 가족, 느낌, 나이 등 모든 것이 최상인 여성을 선택하려고 한다면 '그럼 나 대리 당신은 어떤데?'라는 질문을 받게 될 것이다. 조직에서 전략적으로 판단해야 하는 것은 제한된 자원의 배분이나 우선순위 때문이다. 따라서 기대 성과와 보유 자원을 상호 비교하면서 결정의 기준을 설정해야 한다.

결정의 기준이 되는 요소들을 설정할 때는 절대적으로 중요한 기준(must)과 상대적으로 희망하는 기준(want)을 구분해서 작성한다. 나 대리의 경우, 미인이면서 맞벌이를 할 수 있으면 좋겠다는 생각이 가장 중요한 기준이라면 이것이 절대 기준이 된다. 절대 기준은 여러 개의 대안 중에서 결정적인 하자가 있는 안을 걸러주는 기능을 한다. 예를 들어 예산이 1억원인 업체 선정에서 1억 5,000만원의 견적을 넣은 업체를 결정할 수는 없지 않겠는가? 하지만 절대 기준의 항목이 너무 많아지면 여러 개의 안들 중에서 비교적 우수한 안들이 사전에 제외되는 문제가 생길 수도 있기 때문에 대략 3~5개 정도의 기준을 세우는 것이 좋다. 절대 기준은 반드시 필수적이면서 정량화되어 있는 현실적인 기준이어야 각각의 안에 대한 정확한 평가가 가능해진다. 나 대리의 경우, 외모와 맞벌이, 처녀가 세 가지가 절대 조건이라면 최백조 씨는 고려 대상에서 제외될 수밖에 없게 된다.

다음 단계는 의사결정에서 희망하는 요소들을 선정하는 것이다. 나 대리의 경우는 요리, 경제력, 가족과의 조화, 성격을 중요시하는데 상대요소의 평가 시 미인과 맞벌이 같은 절대 기준의 항목도 평가에 포함되어야 한다. 그러고 나서 상대요소들의 가중치를 결정하는데 가장 중요한 항목에 10점을 배점하고 각 요소들은 상대적인 중요도로 평가한다. 약 8~9개 정도의 상대요소가 결정되고 나면 본선에 올라온 나공주, 김성실 씨에 대한 정보를 확인하고 점수를 매긴다. 점수를 부여할 때 역시 가장 우수한 안에 10점을 주고 다른 안들은 상대적인 중요도로 평가한다. 평가가 끝나면 가중치와 점수를 곱한 점수들을 합산해서 만족도가 높은 우수 안을 잠정 결정한다. 가중치나 각 안의 평가는 비교적 차이가 나도록 해야 안의 우열을 가리기가 쉬워진다. 통상적으로 점수의 차이가 100점 이상이 나면 낮은 점수의 안은 하자가 있는 안이고, 차이가 그 이하라면 별로 차이가 크지 않은 안이라고 볼 수 있다.

우리는 안을 잠정 결정한 후 최종 결정을 앞두고 정말 이 안으로 결정해도 괜찮을지, 문제는 없을지를 한번 생각해보는 것이 일반적이다. 따라서 각 안의 리스크를 상정해서 일어날 가능성(probability)과 일어났을 때의 심각성(seriousness)을 검토해보아야 한다. 리스크의 상정은 주로 절대 기준에 어렵게 통과한 항목, 가중치가 높은 상대요소에서 스코어가 낮았던 항목, 정보가 부족해서 애매한 항목, 기타 품질, 납기, 원가, 인적 요소, 시장, 환경, 안전, 방법, 생산성, 자금 등 고려해볼 수 있는 다방면의 발상을 거쳐 상정하고 '~때문

[그림5-1] 나 대리의 배우자 선택: 결정분석

◆ 결정사항 : 행복한 결혼생활을 위하여 배우자를 결정한다

절대목표	안	A안 : 나공주			B안 : 김성실			C안 : 최백조		
• 김 대리 부인보다 미인일것 • 맞벌이가 가능할 것		• 미스 서울 출신 (GO) • 방송국 리포터 (GO)			• 그런 것 같음 (GO) • 약사 (GO)			• 남들이 인정 (GO) • 현모양처 희망 (NO GO)		
희망 목표	중요도(W)	정보	점수(S)	W×S	정보	점수(S)	W×S	정보	점수(S)	W×S
가급적 미인이면 좋겠다	10	미스 서울 출신	10	100	김 대리 부인보다 나은 것 같음	5	50	세련되고 매력적	8	80
가능한 안정적 직업이면(맞벌이)	8	방송국 리포터	7	56	약사	10	80	자녀교육 중시	1	8
요리 솜씨가 좋았으면 좋겠다	4	잘하는 요리가 라면 끓이기 수준	4	16	요리학원 수료, 한식 조리사 시험	10	40	요리, 집안일에 취미	8	32
성격이 무난했으면 좋겠다	5	무남독녀, 자기중심적, 잘난 척	3	15	봉사활동, 타인 배려형	10	50	싹싹하고 웃는 얼굴	8	40
재산이 많았으면 좋겠다	8	장인, 빌딩 보유	10	80	동생들 학비 책임지고 있음	3	24	어느 정도의 재력	8	64
부모님과 잘 맞으면 좋겠다	3	성격, 요리 취약	4	12	성격, 요리 무난	10	30	어머님이 좋아함, 성격, 요리 무난	10	30
합계				279			274			254

※학벌, 집안, 취미, 가치관, 생활태도, Feel…

[그림5-2] 나 대리의 배우자 선택: 리스크 분석

A안 : 나공주	가능성	심각성	B안 : 김성실	가능성	심각성
방송국 리포터는 수시로 교체되기 때문에 결혼 후 실직하면 맞벌이가 불가능하다.	7	8	김과장 부인보다 미인이라고 생각했는데 남들이 인정해주지 않는다.	6	9
성형수술을 한 인공미인으로 태어난 2세가 엉망이다.	8	3	요리학원을 수료했지만 이론과 실제가 달라 밥 먹기가 고통스러워진다.	3	6
장인이 결혼을 반대하여 지참금을 한푼도 주지 않는다.	3	9	수입의 일부를 어려운 처갓집에 보내주어야 한다.	4	8
요리솜씨가 형편없어서 인스턴트 음식만 먹게 된다.	8	7	봉사활동은 열심히 하지만 남편은 못살게 구는 피곤한 성격이다.	2	8

※가능성이 3이하(가능성 희박)하거나, 심각성이 5이하(허용범위)이면 삭제

에 '~이 안 된다' 는 식으로 단정적 표현을 쓰는 것이 평가가 용이하다. 대체로 사람들은 심리적으로 가능성이 30% 이하이거나 심각성이 50% 이하이면 확률이 낮아서 별다른 대비가 필요치 않다고 느끼는 것이 일반적이라고 한다. 따라서 가능성이 30% 이하이거나 심각성이 50% 이하인 항목은 삭제하고 남은 리스크를 보면서 최종 의사결정을 하면 된다.

이 프로세스가 의사결정의 가장 일반적인 방식인 KT 기법으로, 과거 LG전자 같은 경우는 사내에서 의사결정 방안을 보고할 때는 이 양식에 따라 작성하도록 의무화했을 만큼 효과가 있는 기법이다. 의사결정은 결정 목적, 결정 기준, 스코어 평가, 부정적인 리스크에

의해서 여러 안들의 평가가 계속해서 분기점을 만난다. 그런데 기준, 가중치의 설정이나 평가 등에는 많은 사람들의 의견을 종합해 객관화하는 과정이 필수적이다. 예를 들어 국가의 전투기 선정 사업에 국방장관이 기술 이전 요소에 가장 높은 가중치를 두어 F2 기종을 결정했는데, 대통령은 국제 분쟁이 빈발하기 때문에 무장 능력이 좋은 F1 기종을 결정하라고 할 수도 있다. 따라서 조직 내에서는 상사와 협의해 의사결정을 하는 것이 시행착오를 줄이는 방법이 된다.

수학공식 중에 '최적 선택 시점의 법칙'이라는 것이 있다. 자신이 생각하는 가능성에 36.8%를 곱해서 나온 숫자보다 큰 정수를 매직 넘버라고 한다. 예를 들면 10명의 배우자 후보를 만날 것이 예상된다면, 매직 넘버인 네 번째 만나는 여성부터는 앞의 세 여성보다 마음에 들면 미련 없이 멈춰서 그 여성을 선택해 버리라는 것이다. 매직 넘버 이전에 최고의 배우자 후보가 있었다면 열 번째 여성을 선택해야 하는 약점은 있지만, 예상 기대 수준을 명확히 해서 매직 넘버가 결정되면 가장 좋은 후보를 선택할 확률에 대한 이 법칙을 따르는 것을 고려해볼 수 있다.

대체로 우수한 매니저들은 의사결정을 할 때 '무엇을 결정하는 것입니까(결정 목적), 이 결정으로 노리는 것은 무엇입니까(결정 요소), 다른 안은 없습니까(복수안의 비교), 뭔가 문제는 없겠습니까(부정적 리스크의 평가)' 등 맥을 짚는 질문을 통해 의사결정의 효과성을 높인다. 의사결정의 프로세스에는 이러한 질문들의 개념과 전제가

[그림5-3] 유능한 매니저의 맥을 짚는 질문

1. 무엇을 결정하려는 것인가 → 결정 지표/목적
2. 노리는 것이 무엇인가 → 결정 요소/기준
3. 다른 대안은 없는가 → 복수안의 검토
4. 뭔가 문제는 없겠는가 → 부정적 영향의 평가

각 단계마다 스며들어 있다.

의사결정 트리

인생은 선택이다. 인생은 B(Birth)와 D(Death)사이의 C(Choice)이다.
장 폴 사르트르

데이비드 헨더슨과 찰스 후퍼는 『판단력 강의 101』이라는 책에서 "1억원짜리 집을 사려면 의사결정을 위해 1%에 해당되는 1백만원은 투자하라"고 주장하고 있다. 정신적인 노력도 집중해야겠지만 금전적인 자원도 의사결정 사안에 맞게 투자되어야 한다는 현실적인 제안이다. 이처럼 의사결정에는 판단에 도움이 될 만한 공식이나 이론들이 종종 발표되곤 한다. 이러한 이론 중에서 의사결정의 안건들을 하나하나 어떤 방식으로 결정할까를 사전에 판단하기 위한 방법으로 브룸과 예튼의 '의사결정 트리'를 활용할 수 있다. 무수한 의사결정 사항들을 앞에 두고 있을 때 상황변수를 고려해서 하나하나 효과적으로 대응해야 하는데, 아래 질문에 따라 각각의 의사결정 사안을 어떻게 결정할지를 사전에 확인해보면 도움이 된다.

A. 당면한 의사결정의 사안이 의사결정의 질을 요구하는가?
B. 귀하는 질 높은 의사결정을 내리기 위해 충분한 정보를 갖고 있는가?
C. 문제가 구조화되어 있는가?
D. 효과적 실행을 위하여 멤버들의 결정 사항 수용이 중요한가?
E. 혼자 결정했을 때 결정 사항을 멤버들이 받아들일 가능성이 높은가?
F. 멤버들은 이 문제와 관련하여 성취하고자 하는 조직의 목표를 공유하고 있는가?
G. 멤버들은 질 높은 결정을 내릴 충분한 정보를 가지고 있는가?

조직 내에서 일어날 수 있는 사례를 보고 한번 판단해보자.

[사례 1] 연구개발 부문의 총무 담당 부서장인 박 차장은 주차장 배정 문제로 골머리를 싸매고 있다. 연구단지의 규모가 워낙 크다 보니 연구단지 내에서의 이동도 만만치 않은데 정식 주차장은 동문과 서문에 각각 500대 규모와 150대 규모로 따로 있다. 또 각 문에서 매 10분마다 셔틀 버스가 운행되기 때문에 대부분 직원들에게는 동문과 서문 주차

장을 이용하게 하면 되지만 본관 바로 옆에 있는 주차장 공간 7개 중 VIP용 3개를 빼면 실제 활용 가능한 공간은 4개뿐이다. 그런데 연구소장을 포함하여 본관에 사무실을 두고 있는 각 사업부서장 및 실장급만 모두 9명이다. 여러분이 박 차장의 입장이라면 어떤 절차를 통해 주차장 문제를 해결할 것인가?

[사례 2] 차체 조립 팀장인 박 차장은 조립공장 아침 공정 회의에서 지난 1주일간 내린 폭설로 전장 장치 협력업체의 부품 수급에 문제가 생겨 중형 승용차 새 모델을 생산하는 1라인 가동이 문제가 될 수 있다는 이야기를 들었다. 현재 전국의 도로 상황이 엉망이어서 부품의 재고 잔량이 얼마 남지 않았는데, 다음 납품이 언제 도착할지 예상할 수가 없다는 것이다. 이런 상황을 어떻게 처리해야 할 것인가?

먼저 첫 번째 사례의 경우 A. 의사결정의 질을 요구하지 않고 D. 멤버들의 의사결정에 대한 수용이 중요하고 E. 혼자 결정했을 때 다른 사람들의 수용이 어려우므로 이 사안은 위임하거나 그룹에 결정을 맡기는 편이 나은 사안이다. 두 번째의 사례는 A. 의사결정의 질이 중요하지만 B. 나는 충분한 정보가 없고 C. 문제는 구조화 되어 있으나 D. 멤버들의 결정 사항 수용이 별로 중요하지는 않고 F. 멤버들이 조직 목표를 공유하고는 있지만 G. 멤버들이 정보를 갖고 있지 않으므로 리더 자신, 멤버들과의 회의체, 멤버들에게 위임, 이

[그림5-4] 의사결정 트리

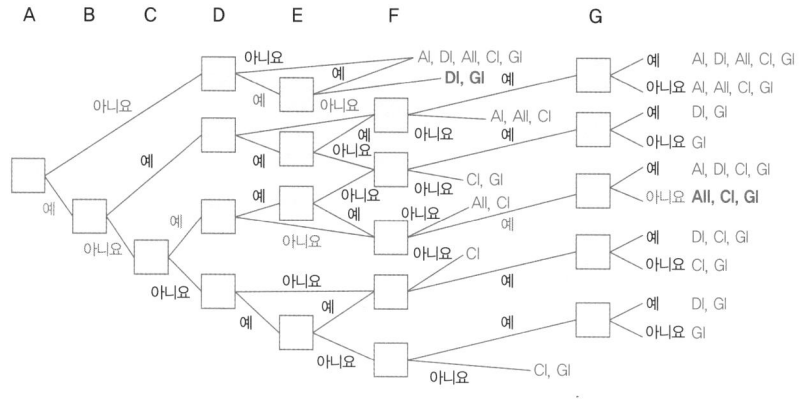

세 가지 의사결정이 모두 가능하다.

이러한 의사결정의 트리를 간단하게 구조화해서 긴급하게 결정해야 하는지(긴급성), 의사결정의 결과가 결정권자나 팀에 중요한지(중요성), 좋은 결정을 위한 충분한 지식·정보·스킬이 있는지(전문성), 결정을 실행하기 위해서 멤버들의 참여나 지원이 필요한지(지원)를 순차적으로 확인해보고 이 네 가지 판단에 의해 곧 바로 의사결정을 진행할 수도 있다.

『굿 타이밍』이라는 책에서 신완선 교수는 의사결정의 시기와 관련해 1:10:100의 법칙을 제시하고 있다. 당초 이 개념은 품질경영 이론에서 비롯된 것으로, 사전에 예방하는 비용이 1이라면 제품이

[그림5-5] 의사결정 시기에 근거한 유형 분류

의사결정 시기 ↑	100	무지 형(Followership) 생각 없이 유행을 쫓는다.	우유부단 형(Risk-adverse) 걱정하다가 시간 다 보낸다.	과다신중 형(Pessimism) 버스 지나가면 손든다.
	10	호기심 형(Curiosity) 눈치로 밥 먹고 산다.	결단 형(Risk-take) 결코 뒤지지 않겠다	전문가 형(Expert) 업계의 고수
	1	탐험가 형(Intuition) 미지를 즐긴다.	개척자 형(Blink) 먼저 개발한다.	리더 형(Commitment) 나는 알고 있다.
		1	10	100

정보 수준 →

출고될 때 검사에 들어가는 평가 비용이 10이 들고 제품이 고객에게 전달되었다고 잘못되어 이를 해결하는 데는 드는 실패 비용은 100의 비용이 든다는 의미이다. 의사결정에서도 타이밍이 적절치 못하면 문제가 생긴다는 의미로 아래와 같이 유형 구분을 하고 있다. 그러면서 '성공적인 의사결정=시기(timing)×결정(decision)×실행(action)'이라는 공식을 강조하고 있다.

미국의 콜린 파월 전 국무장관은 의사결정의 공식으로 'P(성공할 가능성)=40~70'을 제시했다. 이는 맞을 가능성이 40%에서 70% 사이의 정보가 모이면 직감적으로 의사결정을 추진하라는 것이다. 40% 미만이면 정보가 너무 부족하고 70% 이상 수준으로 정보를 확인하려면 시간이 너무 늦어진다는 것이다. 처음 80% 옳은 것이 나중에 100% 정확한 것보다 낫다는 의미로, 실패를 두려워하지 말고 시의적절하게 의사결정을 하고 실행을 통해 경험을 쌓아가는 것이 중요하다는 뜻이다.

응집력과 집단 사고

> 어리석은 사람은 똑같은 과정을 반복하면서 결과가 다르게 나오기를 기대한다.
> **아인슈타인**

공동의 집단 의사결정을 하게 될 때에는 얼마나 효율적으로 각자의 의견이 개진되어 개인의 결정보다 효율적인 결론을 내렸는가가 효과성 판단의 주요한 잣대가 된다. 다수결의 집단 의사결정은 효과적이지 않다는 것이 많은 연구에서 판명되었기 때문에, 참석자들은 팀워크와 시간 변수를 고려해서 옳은 주장일 경우는 이를 끝까지 관철시키려는 노력이 필요하다. 아울러 소수 의견도 옳으면 받아들이고, 다른 멤버를 설득하는, 잘 듣고 잘 말하고 재치 있게 정리하는 리더가 중요하다. 그리고 참석자들 간의 정보 교환은 100%해야 하지만, 자기 주장은 최대한 줄이면서 남의 얘기를 잘 듣는 것이 중요하다. 복잡한 사안들에 대해서 모든 요소를 다 알고 있는 사람이 있을 수 없기 때문에 각자의 장점이 발휘된 '집합 천재'의 모습을 만들어가는 것이 가장 이상적이라고 볼 수 있다. 팀 의사결정에는 논리와 근거에 입각한 상호협력과 최상의 것도 포기할 줄 아는 타협의 마인드도 필요하다.

집단 의사결정의 대표적인 실패 사례로 꼽히는 것 중의 하나가 미국 케네디 대통령 시절 쿠바 반군 지원 사례이다. 케네디 시절의 참모진은 로버트 케네디, 리처드 굿윈 등 백악관 보좌관, 러스크 국무, 맥나마라 국방, 딜런 재무 등의 내각, 슐레진저 등의 백악관 참모진, 그 외 CIA국장, 합참의장, 주요 외교관 등 역대 가장 강력한 진용을 구성하고 있었다. 1961년 4월 17일 새벽, 8척의 미 해군 상륙정에 1,400명의 쿠바 반군들이 피그만(돼지만 사건이라고도 함)에 교두보를 확보하기 위하여 상륙하는 계획이 추진되었다. 만약 쿠바 군의 저항이 강할 경우 미 공군이 엄호해서 궁극적으로는 카스트로까지 제거하려는 작전이었다. 그런데 해안에 접근하기도 전에 예상치 못했던 산호초에 배가 좌초되고 말았을 뿐 아니라, 통신시설이 없는 외딴 마을로 생각한 곳에서 바로 연락이 취해져 쿠바 공군기가 출동한다. 엄호하기로 했던 미 공군기 B26마저 최신 쿠바 전투기들에 격추되어 버리자 반군들은 피신처를 찾아 헤매는데 그들 앞에는 무려 100km에 이르는 늪지대가 가로막혀 있었다. 결국 1,200명이 죽거나 체포되고 미국은 포로들을 구하기 위해 5,000만 달러를 지급하는 역사상 최악의 실패한 사건으로 기록된다.

집단 사고는 응집성 있는 내 집단에 몰두하여 만장일치를 얻고자 대안적 행동 평가를 억누르는 사고방식 때문에 집단의 정신적 능력이나 도덕적 판단, 현실 검증 의식을 감퇴시키는 것이다. 이는 미국이 일본의 진주만 공격을 대비 못했던 것이나 월남전에서의 실패, 워터게이트 도청 사건의 처리 등 역사적 사건들에서 쉽게 발견할 수 있다.

집단의 응집력이 지나치게 강할 경우, 집단의 도덕성에 대한 신념이 강화되면서 집단적 합리화 현상이나 취약성이 없다는 착각을 불러일으키게 된다. 또한 다른 외부 집단에 대한 고정관념 하에 반대자에게 압력을 행사하거나, 자기 검열에 만족하면서 만장일치에 대

[그림5-6] 집단 사고의 원인과 징후

원인
- 취약성이 없다는 착각, 집단의 도덕성에 대한 신념, 집단적 합리화, 자기 검열로 만족, 자체 설정한 규제 장치, 만장일치에 대한 착각
- 다른 집단에 대한 고정관념, 반대자에 대한 직접 압력

징후
- 모든 대안 포기, 소수의 가능한 대안만 검토
- 전체 조직이 아닌 일부의 목표에만 집착
- 초기에 기각된 안에 대한 재검토 부족
- 선택안이 지닌 잠재적 위험 간과하고 유리한 정보만 편애
- 상황 변화/실패에 대한 대응 계획 부재

한 착각을 한다. 이 경우 소수의 가능한 대안만을 검토하고 빈약한 정보 탐색에 의해 선택 안이 지닌 잠재적 위험을 간과해서 상황 변화나 실패에 대한 대응 계획을 세우지 않는 문제점들을 야기한다.

과거 GM의 경영자였던 앨프리드 슬로언 회장은 만장일치의 사안에 대해서는 재가하지 않았다고 한다. 만장일치라는 것은 다양한 관점에서의 관찰과 토의가 되지 않았을 뿐 아니라 집단 사고의 위험성이 있을 수 있다고 판단했기 때문이다.

그룹 다이내믹스

> 예술이란 어떤 일을 할 때 아름답게 하는 것을 말한다. 과학은 효율적으로 한다. 사업이란 경제적으로 하는 것이다.
> **엘버트 허바드**

사람들이 모여 집단을 이루면 나름대로의 역학관계가 형성되는데 이를 '그룹 다이내믹스'라고 한다. 우리가 유행을 따르고 법을 지키는 것도 일종의 집단 역학에 의한 응종 현상으로 볼 수 있을 뿐 아니라, 다른 사람들의 의견에 너무나 쉽게 동조해버리는 것도 많은 실험에서 증명되고 있다. 사람들의 판단은 정확하고 객관적인 사실에 근거하기보다는 아마 그러리라고 예상되는 것(plausibility)이나 의미 인식(sense making) 등으로 판단하는 경우가 많고, 이는 오히려 전문성이 높을수록 더 높은 전문가의 의견에 동조해버리는 현상이 더 강하게 나타난다. 하지만 집단 내에 비동조자가 한 명이라도 있을 경우 만장일치의 압력은 현저하게 감소하게 된다. 소수의 건전한 비판자가 조직에서 중요한 이유가 여기에 있는 것이다.

안타까웠던 대구 지하철 화재 현장에서도 기관사가 나가고 불길이 번지기 이전의 약 10여분의 시간이 있었다고 한다. 연기는 조금씩 들어왔지만 많은 사람들이 아무런 조치도 없이 기다리고만 있었다. 집단으로 있으면 안전할 것이라고 생각해서 누구도 큰 문제로 여기고 나서지 않았기 때문에 귀중한 탈출 시간을 허비해버린 것이었다. 단 한 두 명이라도 비상 상황을 알리고 공동의 해결 방안을 요청했든지, 문제의 심각성을 인식하고 긴급 조치를 취했더라면 큰 희생을 막을 수 있었을 텐데 하는 아쉬움을 갖게 한다.

우리가 줄다리기를 하거나 함성을 지를 때는 집단의 익명성이 작용한다. 여러 명이 헹가래를 치는데 가끔 헹가래쳐졌던 사람이 다치는 경우도 있고, 닭 모이를 주어도 한 마리씩 있을 때보다 여러 마리가 모여 있을 때 전체 모이의 섭취량이 늘어난다는 것도 밝혀졌다. 우리가 중국집에 가서 요리 몇 개와 각자의 식사를 시켰을 때 공동의 요리를 먼저 먹는 것도 유사한 이치인지 모르겠다. 얼마 전 TV 프로그램에서는 3명이 하늘을 가리키고 있으면 대부분의 행인들이 함께 하늘을 쳐다보는 실험이 소개되기도 했고, 사람들이 6명 이상 줄을 서 있으면 대부분 줄서기를 한다는 실험 결과도 있다.

일전에 독일 지사에 근무했던 친구의 일화를 소개하면, 독일 초등학교에서 아이가 지각을 자주 해서 학부모를 불렀다고 한다. 아이에게 확인을 해보니, 차를 타려고 다들 정류장에서 기다리고 있었는데 버스가 왔을 때 이 아이는 한국에서의 습관처럼 새치기를 해서 차를 타곤 했다는 것이다. 그러다 다른 아이들로부터 항의를 받고 그 다음부터는 버스를 제대로 타지 못하게 되어 지각을 했다는 것이었다. 5년 근무 후 한국에 돌아왔는데 또 학교에서 아이가 지각한다고 부모를 불렀다고 한다. 이번에도 확인을 해보니 버스 정류장에 줄을 서 있다가 다른 아이들의 새치기 때문에 제대로 버스를 탈수가 없어 서였다고 한다. 다들 줄을 서 있을 때 혼자서 새치기를 하는 사람은 반드시 자신의 행동에 의한 불이익을 당해야 하는 사회가 진정한 선진 사회라고 할 수 있을 것이다.

사람들이 모인 집단은 집단의 역학이 어떻게 움직이느냐에 따라 집단의 행동이나 성과가 완전히 다른 결과를 보일 수가 있다. TV 프로그램에서는 상습적인 쓰레기 투기 지역에 화단을 만들어 방지한 사례나, 세 사람 이상의 건전한 방향 유도에 의해 집단이 바람직한

방향으로 전환된 사례가 소개되었다. 또한 다른 사람에게 직접적으로 요청을 해야 도움을 받을 수 있다는 등의 실험 결과를 보여주기도 했다. 따라서 우리가 소속된 집단의 흐름을 어떻게 이해하고 계획적으로 어느 방향으로 몰아가느냐가 바람직한 성과와 직결되는 관리 항목이라는 사실을 기억할 필요가 있다. 문제 해결의 과정에서 발생하는 다양한 고민사항들을 해결해나갈 때 그룹 다이내믹스를 활용하면 문제의 핵심을 쉽게 찾아가거나 해결 방안의 효과성과 효율성을 높이는 데 도움을 받을 수 있다.

패러독스의 통합

> 사람들은 사물을 보고, 그러고 나서 "왜?"라고 묻는다. 그러나 나는 존재하지 않는 것을 꿈꾸며, 그리고 "왜 안 되는가?"라고 묻는다.
> **조지 버나드 쇼**

    패러독스란 '차이, 갈등, 모순, 적대' 등과는 달리, 두 가지 이상의 목표가 있는데 그 목표들의 가치가 동등하면서 동시에 고려되어야 함에도 불구하고 상충하는 경우를 말한다. 즉 상충되거나 모순되는 가치 혹은 목표를 함께 추구하는 것, 또는 일관성보다는 역설적인 요인을 공존시켜 시너지 효과를 이끌어내려는 경영의 새로운 관점이나 사고방식으로 정의할 수 있다.

    우리는 경영 활동, 조직 활동, 일상 활동 모두에서 패러독스적인 상황을 자주 경험하게 된다. 경영 활동적인 패러독스는 예를 들어 히트상품을 도입할 것인가 새로운 상품을 개발할 것인가, 장기적인 관점에서 투자를 할 것인가 단기적인 실적을 우선시 것인가, 저원가 전략을 추구할 것인가 고품질과 차별화 전략을 추구할 것인가, 비용 측면을 먼저 고려해야 하는지 수익 측면을 먼저 고려해야 하는지, 모방 또는 혁신, 장기 투자 또는 단기 실적 등 양쪽 모두 중요하지만 어느 한쪽도 포기할 수 없는 가치의 딜레마 상황에서 어떻게 의사결정을 하고 정책을 집행해야 하느냐의 이슈이다.

조직 활동 중에서는 프로젝트 수행 시 팀워크를 우선할 것인가 개인의 능력을 우선시할 것인가, 개인적인 양심에 따라 행동할 것인가 집단 규율에 따라 행동할 것인가, 개성과 팀워크, 경쟁과 협력, 안정과 성장, 분화와 통합 등 어디에 중점을 두어 조직을 운영할 것인가 등의 문제로 고민하게 된다.

개인의 일상생활에서도 미래를 위해 저축을 할 것인가, 여가활동을 위해 지금 여행을 갈 것인가, 건강을 위해 술자리를 피할 것인가, 관계 증진을 위해 술자리를 만들 것인가, 권위 유지와 대화 중심, 저축과 레저, 신세대의 이해와 기존 도덕관의 유지 등의 이슈에 대해 갈등하게 된다. '아는 것이 힘' 이지만 '모르는 게 약' 이기도 하지 않은가?

과거의 양자택일적 흑백 논리로 판단하기에는 사회가 너무나 복잡 다양화되었다는 생각이 든다. 따라서 상황에 따라 필요한 기준을 조정하면서 최적의 의사결정을 해 나가야 하는 어려움에 처하게 된다. 패러독스의 관리를 위한 사고방식으로 새로운 통합적인 방식이

[그림5-7] 조직과 경영의 패러독스

	대립의 성격	기원	대표적인 예
조직 패러독스	• 모든 조직이 근본적으로 가지고 있는 패러독스 • 근본적 패러독스, 1차적 패러독스, 시스템적 패러독스	• 자연적 • 근본적	• 개성 – 팀웍 • 경쟁 – 협동 • 분화 – 통합 • 고용자 – 피고용자 • 통제 – 자율 • 권한 위양 – 권한집중 • 개인윤리 – 집단윤리
경영 패러독스	• 경영 과정에서 사후적으로 발생하는 패러독스 • 갈등, 상충관계	• 인위적 • 파생적	• 저원가 – 고품질 • 비용 측면 – 수익 측면 • 모방 – 혁신 • 장기투자 – 단기실적 • 계획적 – 우연적 • 집중화 – 다각화 • 세계화 – 지역화

나 변화를 요구할 때 아래 사항들을 참고할 수 있다.

- 안정에 토대를 두고 변화를 추구한다 : 안정성과 변화 간의 균형을 위하여 비전, 미션, 핵심역량, 문화 등에 안정성을 제공할 수 있는 요소를 강조한다.
- 조직문화를 바꾸려면 문화 이외의 다른 것들도 바꾼다 : 문화를 바꾸기 힘들면 리더십 원칙, 조직 구조, 평가제도, 업무 관행 등을 우선적으로 바꾸어간다.
- 개인의 변화를 통해 조직의 변화를 유도한다 : 모든 새로운 변화는 개인의 변화에서 비롯된다.

- 활발한 토론과 지속적인 몰입을 촉진한다 : 조직원들은 의사결정에 참여하기를 원하고 참여했을 때 책임을 느끼게 된다. 대안 모색에서 그들의 헌신이 있어야 변화가 가속화되고 조직원 간의 결속이 생길 수 있다.
- 팀장 등 중간 관리자의 역할을 고무한다 : 비즈니스 수행의 견인차인 중간 계층에 통합적인 지원을 하고 조직이 수평적으로 되면 커뮤니케이션 채널을 강화한다.
- 위협을 제거하고 인센티브를 강화한다 : 리더는 함께 일하는 사람들의 심리와 조직 관리상의 위험을 용기 있게 헤쳐나갈 수 있도록 권한 위임이 되어야 하고 향후에 야기될 수 있는 위협 요소를 제거하는 노력을 보여야 한다.
- 딜레마 상황의 양쪽 가치를 통합적으로 극대화시키기 위한 방안을 지속적으로 추구한다.

제라트 애드는 『창의적 의사결정』에서 의사결정에 임해서는 과거, 현재, 미래가 불확실하다는 것을 인정하고 불확실성에 대해 긍정적 태도를 가질 것을 강조하면서 당신이 원하는 것, 당신이 아는 것, 당신이 믿는 것, 당신이 하는 것, 네 가지 요소에 대한 역설의 원칙을 강조하고 있다.

❶ 당신이 원하는 것(what you want)에 대하여 집중하면서도 유

연성을 가져라.
- 원하는 것을 파악하되 확신하지는 마라.
- 목표를 가설로 생각해라.
- 목표의 달성과 새로운 목표의 발견에 균형을 유지해라.

❷ 당신이 아는 것(what you know)에 대하여 확신하면서도 의문을 가져라.
- '아는 것이 힘'이라면 '모르는 것은 약'이라는 것을 인식해라.
- 기억력을 적으로 생각해라.
- 정보와 상상력을 균형 있게 활용해라.

❸ 당신이 믿는 것(what you believe)에 대하여 냉철하면서도 낙천적이 돼라.
- 사실이란 관찰자의 시각에 있으며, 또한 관찰자의 행동 속에 있다는 것을 인식해라.
- 믿음을 암시로 생각해라.
- 냉철한 현실인식과 낙천적인 기대적 사고 간의 균형을 유지해라.

❹ 당신이 하는 일(what you do)에 대하여 실질적이면서도 상상력을 가져라.

- 계획 수립을 배우고, 배우기 위한 계획을 수립해라.
- 직관을 사실로 생각해라.
- 변화에 대응하는 것과 변화를 유발하는 것 사이의 균형을 유지해라.

의사결정에 임할 때 패러독스적인 통합 사고를 가지고, 합리성과 창의성의 균형 감각을 갖자는 역설의 원칙을 이해하는 것은 문제 해결의 성공적 결과와 상당한 연관성이 있다고 본다. 투자의 귀재라는 워런 버핏이 "모두가 두려워할 때는 욕심을 내고, 모두가 욕심을 낼 때는 두려워해야 한다"고 한 얘기도 역설적인 의사결정의 단면을 보여주는 말이라고 할 수 있다.

윈-윈을 위한 공감적 의사결정

> 영광의 순간을 경험하고 싶다면 과감해져야 한다. 설령 실패하더라도 어정쩡한 삶을 산 이들보다 훌륭하다.
> **시어도어 루스벨트**

우리가 접하는 의사결정 사안의 대부분은 조직 내외의 많은 이해관계자들과 관련이 있고 함께 일하는 사람들의 참여와 합의를 필요로 한다. 높은 성과를 내는 리더들은 직원들의 동기를 유발하면서 협력적 문제 해결 분위기를 주도하여 탁월한 업무 성과를 창출하는 리더라고 할 수 있다. 상사, 부하, 동료, 타 부서, 외부와 연결되어있는 의사결정의 문제에서는 다양한 이해 관계자들과 어떻게 윈-윈의 결론을 낼 것인가 하는 것이 가장 큰 고민사항이 된다. 공감적 의사결정은 똑같이 행동하거나 양보나 타협을 하자는 것이 아니라, 서로의 상황을 이해하면서 신뢰를 바탕으로 공동의 이익 추구하고 통합적인 해결 방안 모색해서 상호 합의에 이르게 하는 과정이라고 할 수 있다.

구성원들의 합의에 의한 의사결정은 시간을 걸리지만 실행 시 관련자들의 참여에 의해 실행 속도를 높이고 실행 결과의 효과를 높이는 데 도움이 된다. 따라서 먼저 의사결정의 과제를 확인하고 이해관계자 분석, 반대, 촉진 세력의 파악, 저항, 갈등에 대한 대응, 실행 계획 공유, 합리적 상호 조율과 협상, 갈등 관리 등을 거치는 프로세스가 필요하다. 이 과정에서 정치적인 판단이나 협상력, 갈등 해결 능력 등에 대한 추가적인 스킬 학습이 요구된다. 그리고 한편으로는 의사 결정 사안을 놓고 상사, 부하, 동료, 고객, 유관 부문 등에서 가지고 있는 진정한 기대와 걱정이 무엇인가를 확인해 보는 것도 최종

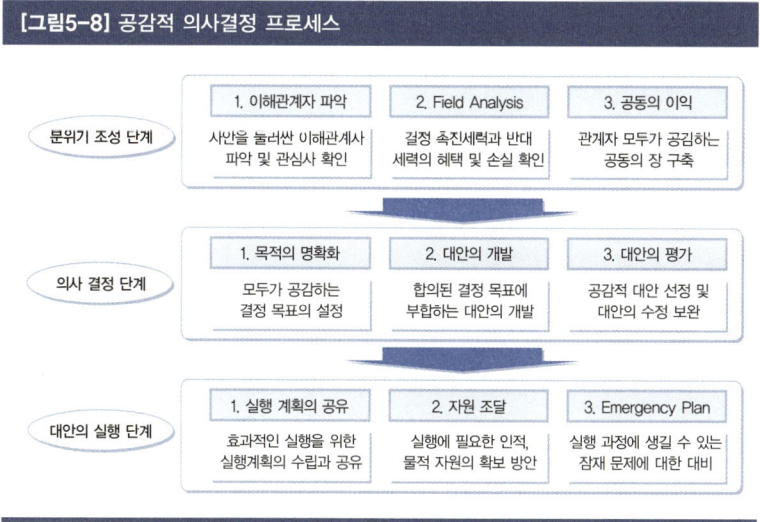

[그림5-8] 공감적 의사결정 프로세스

의사결정에 도움이 된다.

LG경제연구원은 공감적 의사결정을 위한 방안을 다음과 같이 제시하고 있다.

- 서로 다른 유형의 사람을 곁에 두어라.
- 현실을 냉철하게 직시해라.
- 가치 있는 실수는 과감히 포용해라.
- 현장에서 정보를 얻어라.
- 자신에게 솔직해야 한다.

공감적 의사결정과 더불어 윤리적 의사결정에 대해 생각해보자. 우리가 의사결정을 행할 때 다음 세 가지 질문에 대해 대답해보고 결정을 내리는 것은 어떨까?

❶ 이 의사결정은 합법적인 것인가 : 법이나 회사 정책 그 어느 것에도 위배되지 않는가(기존의 기본 규정과 규칙을 고려)

❷ 이 의사결정은 공평한가 : 이 결정이 단기적으로나 장기적으로 관계된 모든 관련자에게 공정한가, 이것은 양쪽 모두에게 득을 줄 수 있는 바람직한 관계로 유도할 수 있는가(인간의 공정성과 합리성 고려)

❸ 이 의사결정으로 인해 나는 나 자신에 대해 어떻게 느낄 것

인가 : 자랑스러움을 느낄 것인가, 만일 내 결정이 신문에 보도 된다면 나의 기분은 어떨까, 가족들이 그것에 대해 알게 된다면 기분이 어떨까(자신의 도덕적 기준에 비추어 봄)

존슨 앤드 존슨이라는 다국적 기업에는 '레드 페이스 테스트(red face test)'라는 개념이 있다. 이는 '의사결정의 결과가 나의 가족에게까지 알려 졌을 때 얼굴을 붉히지 않고 가족들에게 설명해줄 수 있는가' 하는 의미이다. 의사결정에서의 윤리성을 평소에 얼마나 강조하고 있는가를 엿볼 수 있는 대목이다.

쉬어가는 페이지

성공하는 사람들의 정치력 101

1. 숨겨진 의도를 파악해라 : 정치적 직관력 키우기, 반복되는 패턴 인식, 감정이입을 통한 상대 예측, 행간을 포착, 말과 행동의 결과가 누구의 이익이 되는가?
2. 정치적 통찰력 키우기 : 예측 불가능하게 행동해라, 일상적인 틀에서 벗어나라, 상대의 관점에서 상황과 사물을 보아라
3. 사전 작업의 기술 : 치적 포석 두기, 현실적 사고와 연합세력 구축, 공격한다는 느낌을 주면 보복 받는다. 화제 돌리기, 톤 바꾸기, 사과하기, 쟁점 나누기, 조언 구하기
4. 정치적 설득력 키우기 : 영향력 있는 사람처럼 행동하기, 강한 인상, 대화와 화제의 장악. 서로 다른 방향으로 주고받다가 가끔 후퇴하기
5. 권력을 연구하라 : 정치력 키우기, 체면 살려주기, 같은 전략 반복 않기, 경계해야 할 행동 조심하기
6. 정치적 함정 피하기 : 치밀한 계산, 순진한 용기가 아니라 위기상황에서 용기를 낼 때를 알아야 함, 즉각적이지 않은 복수를 예상해라. 승리를 위함이지 파괴가 목적이 아니다.

캐서린 K. 리어돈

쉬어가는 페이지

회식할 때 주로 어느자리에 앉으십니까?

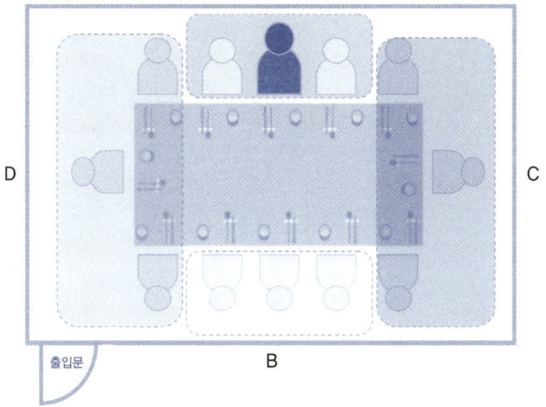

A. 아부지대   회식 주관자의 말에 적극 호응해줘야 하는 곳으로 굳은 일을 도맡아 하는 '믿음맨'의 영역
• 음주 권유 ★★★★: 첫 순배를 담당하거나 회식 주관자를 대신해 술잔을 채우기도 함
• 의사소통 ★★★★★: 회식 주관자와 은밀한 대화를 나눌 수 있음
• 사내 정치 ★★★★: 팀원들에게 자신의 포지션 혹은 관계 관리의 깊이를 과시할 수 있음
• 위험 정도 ★★★: 회식 주관자를 대신해 술잔을 받거나(흑기사) 팀원들의 표적이 될 수 있음

B. 사망지대   술을 마시라는 권유가 가장 많은 곳. 2인자 또는 술 좀 마신다는 사원급 '주류파'가 배치됨
• 음주 권유 ★★★★★: 쉴새 없이 잔이 돌아올 뿐만 아니라 술잔을 돌리기도 해야 함
• 의사소통 ★★: 회식 초반(사망 전) 일시적으로 가능함
• 사내 정치 ★★★★: 다음날 일찍 생환할 수 있다면 상시의 신뢰기 깊어짐
• 위험 정도 ★★★★★: 남보다 먼저 쓰러지거나 취중 진담(실수)의 가능성이 높음

C. 소외지대   관심이 닿지 않는 곳으로 흔히 팀 내에서 따돌림을 당하는 사람들이 자연스럽게 앉게 됨
• 음주 권유 ★: 술잔을 채워주는 사람이 거의 없음
• 의사소통 ★★: 옆 좌석 사람들조차 회식 주관자나 2인자에게 관심이 쏠려 있음
• 사내 정치 ★: 회식뿐만 아니라 평상시에도 조직과 팀 내 관심에서 멀어져 있음
• 위험 정도 ★★★★: 자리를 뜨지 못할 뿐만 아니라 다음날 참여 여부조차 의심받을 가능성 있음

D. 사각지대    중간에 눈에 띄지 않고 빠져나가기 가장 좋은 곳. 다른 선약이 있는 사람들이 자리 경쟁을 벌임
• 음주 권유 ★★: 상급자의 손이 닿지 않아 건배에만 참여하면 됨
• 의사소통 ★★: 그저 옆 좌석 참석자와 이야기를 나눌 수 있을 뿐임
• 사내 정치 ★: 회식 자리에서 뭔가 일을 도모하기는 힘듦
• 위험 정도 ★★★★: 화장실 다녀오던 상사가 행방을 확인하려고 휴대폰을 걸기도 함

-중앙일보, 2008.6.21-

제6강

창의력 레시피

창의의 에베레스트 오르기
상상력과 발상의 전환
아이디어의 분출과 확산
감수성 & 상상력 & 탐구정신
창의성을 제약하는 편견
창의 프로세스 따라하기

창의의 에베레스트 오르기

> 즉흥곡은 결코 즉흥적으로 만들어진 작품이 아니다. 영감은 노력하지 않고도 나오는 것이 아니라 힘겨운 노력 끝에 생성되기 때문이다.
> **안토니 가우디**

해결 방안을 도출할 때에는 무엇보다도 창의적이고 유연한 문제 해결 방법이 필수적이다. 문제 분석이나 정보 분석, 원인 분석 과정을 정교하게 거쳤다면 더욱 유연한 사고가 필수적이다. 번트 슈미트가 말하는 '빅 씽크 전략'의 관점을 가지고, 기존의 고정관념이나 당연시 되던 '신성한 소(sacred cow)'를 죽이는 대담하고 혁신적인 아이디어를 초대해보자. 큰 생각 리더십의 세 가지 축이 되는 배짱 열정, 끈기를 기억하면서. 그러면 먼저 나의 창의적 개성에 대해 다음 질문에 '예, 아니요'로 간단하게 진단해보자.

항목	예	아니요
❶ 나는 신경 써서 옷을 입는 사람으로 인식되고 있으며, 남루하게 보이는 것을 싫어한다.		
❷ 시나 소설을 읽는 것은 시간 낭비이다. 전문서적이나 논픽션이 도움이 된다.		
❸ 몇몇 사기꾼은 무척 영리하다는 것을 인정해야 한다.		
❹ 나는 확신에 찬 사람이다. 옳은 것은 옳은 것이고 틀린 것은 틀린 것이다.		
❺ 시간이 좀 더 걸릴지라도 일을 다른 방법으로 하는 것은 즐겁다.		
❻ 상사가 애매한 지시를 하면 걱정이 되고 일이 손에 잡히지 않는다.		
❼ 결과적으로 별 도움이 되지 않더라도, 새로운 아이디어를 시험하는 것은 즐겁다.		
❽ 규정들이 상황에 따라 바뀔 수는 있지만, 현재의 규칙이나 규정을 지켜야 한다.		
❾ 사람들이 내게 잘해주면 됐지, 그들이 왜 내게 잘해주는지는 상관치 않는다.		
❿ 정신이 안정되어 있지 않은 사람에게는 좋은 아이디어가 없다.		
⓫ 글을 쓸 때에는 내가 쓰고 싶은 단어들이나 숙어들을 사용하면 된다.		
⓬ 자신을 즐겁게 하는 것보다 남을 즐겁게 하는 것이 내겐 더 의미가 있다.		
⓭ 탐정 같은 일이 왠지 맘에 든다.		
⓮ 즐거움보다 일이 우선이라는 신조로 살아가야 한다.		
⓯ 문자나 이메일을 보내면 되지, 왜 구태여 친구에게 편지를 쓰는가?		

위 항목 중에서 홀수 문항은 '예', 짝수 문항은 '아니요'로 응답한 개수를 세어 결과를 확인해보자(기준: 10개 이상은 창의적인 편, 5개 이하는 창의적 개성이 낮은 편임).

대체적인 창의성 지수는 아이 때는 높은 수준을 유지하다가 15세

전후부터 급격히 떨어지기 시작한다. 성인이 되어서도 조직 생활을 오래하면 할수록 창의성 지수가 떨어지게 된다. 이는 주로 과거의 사회적 요인들(예: 초기의 경험들, 친구들의 성향, 경험과 기회의 범위, 창의적 가치에 대한 사회적 반응, 창의성 테스트의 기회, 사회적 수준, 가족들의 경제적 원천 등)과 현재의 인적, 환경적, 교육적 여건에 의해 영향을 받는다. 인적 요인은 현재 긍정적으로 작용하는 사람, 현재 관계하는 집단, 동료, 상사, 부하, 고객, 친구들과의 밀접성과 빈도 등이다. 환경 요인은 비인간적이고 물리적 요소들, 사고를 방해하는 모든 여건 등을 말하고, 교육적 요인은 모든 공식 비공식 교육 경험, 도전적 과제 등을 이른다. 우리는 자신에 대한 생각과 관련된 장벽, 순응하려고 하는 욕구와 관련된 장벽, 추상적인 능력과 관련되는 장벽, 체계적 분석을 사용하는 능력과 관련되는 장벽, 업무의 완수와 관련된 장벽, 신체적 조건과 관련된 장벽 등으로 우리의 창의성을 가로 막아 잠재적 창의성 중 일부분만을 사용하고 있다.

해외 어느 책자에서 소개 되었던 한 예화를 인용해보자.

미국의 어느 대가족이 사는 집에서 손님을 초대해서 저녁 요리를 하는데, 손님이 그 집 며느리가 요리를 하는 것을 보니 소시지를 위쪽과 아래쪽을 자른 후 프라이팬에서 굽기 시작했다. 이를 의아하게 생각한 손님이 그 이유를 묻자 시집을 온 후 시어머니로부터 배운 것이라고 했다. 그래서 그 집의 시어머니에게 이유를 묻자 자신의 시어머니가 그렇게 했다는 것이었다. 그래서 다시 시어머니의 시어머니인 할머니에게 그 이유를 묻자 '그땐 프라이팬이 작아서 위아래를 자르지 않고는 프라이팬에 구울 수가 없었다네' 라고 얘기하는 게 아닌가!

혹, 우리도 고정 관념이나 '전통의 힘'에 압도되어서 불합리하게 사고하거나 결론을 내는 부분은 없는지 자문해볼 일이다.
전에 유행했던 〈전파 견문록〉이라는 TV 프로그램 중에서 아이들의 시각에서 단어를 설명한 내용을 한번 보자. 다음 설명은 어떤 단어를 나타내고 있을까?

- '이 사람이 가고 나면 막 혼나요.'
- '우리 엄마가 기분 좋을 때 아빠한테 하는 건데요, 엄마가 무지 화나면 혼자서도 해요.'
- '엄마가 이걸 하면 동생이 안 보여요.'
- '누가 너무 쉬 마려워서 엘리베이터에 쉬를 하면 사람들이 이걸 해요.'
- '내 양말에 빵구가 났는데 갑자기 친구가 자기 집에 가재요.'
- '아빠가 일어나면 엄마가 책을 봐요.'
- '엄마 앞에 오면 엄마가 막 손을 흔들어요.'
- '엄마는 자기 걸 안 쓰고 내 걸 많이 써요.'
- '엄마랑 목욕 가면 이걸 꼭 해야 돼요.'

[그림6-1] 아이디어라는 에베레스트에 오르기 위한 4원칙

경험의 원칙	루트 분석의 원칙
캠프를 많이 쳐본 사람이 더 높은 곳에 캠프를 칠 수 있다. 	다른 사람의 성공/실패에 대한 케이스 스터디가 많을 수록 좋은 자리를 찾을 수 있다. 
셰르파의 원칙	무전기의 원칙
기획의 정상을 등반할 때 필요한 셰르파란 인문학적 교양이다. 	급격한 기후(트렌드)의 변화를 감지하여 정상에 전해야 한다. 

- '발이 반짝반짝 해요.'
- '엄마는 놀라고, 아빠는 놀려요.'
- '제가 100점 맞으면 엄마 아빠가 하는 말이에요.'

위 설명들은 '손님, 팔짱, 어부바, 반상회, 콩닥콩닥, 노래방, 회전목마, (내)이름, 만세, 발 저림, 바퀴벌레, 진짜야?' 에 대한 아이들의 표현이다. 우리들의 어린 시절의 모습들인데 지금의 우리는 어떤 상태인가?

창의라는 에베레스트에 오르기 위해서는 다음 네 가지 원칙을 들 수 있다. 첫째, 경험의 원칙이다. 요즘은 기술의 발달로 베이스캠프의 높이가 계속 높아져가고 있는데, 캠프를 많이 쳐본 사람이 더 높은 곳

에 캠프를 칠 수 있듯이 경험이 창의적 아이디어의 확률을 높일 수 있다는 것이다. 두 번째는 다른 사람의 성공과 실패에 대한 케이스 스터디가 많을수록 좋은 자리를 찾을 수 있다는 루트 분석의 원칙이다. 세 번째는 셰르파의 원칙으로 창의성을 발휘하기 위해서는 주변 환경을 꿰뚫고 있는 셰르파처럼 인문, 경제, 경영을 포함한 다양한 교양이나 상식이 필요하다는 점이다. 마지막으로 급격한 기후(트렌드)의 변화를 감지하여 탐험가에게 전하는 무전기의 원칙이다. 이 네 가지 요소들이 제대로 작용하면 창의적인 활동 수준을 높일 수 있을 것이다.

상상력과 발상의 전환

> 아이디어란 그저 오래된 요소들의 새로운 결합에 지나지 않는다.
> **제임스 웹 영**

　인간은 대부분 상상하던 것들을 이루어왔다. 투시능력을 갖고 싶다는 욕구에 의해 X-ray, CT, MRI 등의 의료장비가 생겨났고, 각종 심리진단도 결국은 인간의 속마음을 투시해보고자 하는 욕구에서 비롯되었다. 심지어 최근 미국의 피닉스 공항에는 '백 스캐너'라는 인체 투시기가 비치되어 보안 검색에 활용되고 있다. 예지력을 갖고 싶다는 희망에 의해 기상관측 시스템, 점술가, 『제3의 물결』 같은 미래예측서들이 생겨났다. 또한 주술, 기도, 최면술 같은 인간 염력을 발휘하고 전화, 팩스, 고속 철도 같은 순간 이동 기계를 만들어냈으며 하늘을 날고 싶다는 욕구로 그네, 행글라이더, 비행기가 발명되었다.

과거에 확실했던 생각들을 살펴보면 우리들이 지금 가지고 있는 시각의 불완전성을 느끼게 된다. 1899년, 찰스 듀엘 미국특허청장은 "이 지구상에 발명할 수 있는 것은 모두 발명되었다"고 했고, 저명한 과학잡지 「파퓰러 메카닉스」지는 1949년에 "미래의 컴퓨터는 적어도 1.5톤은 나갈 것"으로 예측했었다. 디지털 이퀴프먼트의 설립자 겸 회장인 케네스 올센은 1977년에 "개인적으로 집에 컴퓨터를 가지고 있을 이유가 전혀 없다"고 했고, 빌 게이츠 마이크로소프트의 전 회장은 "640kb면 모든 사람에게 충분한 메모리 용량이다"라고 1981년에 이야기했었다. 그 당시 가장 권위 있는 사람들의 이러한 발언에 아무도 이의를 제기하지 못했었지만 지금 생각해 보면 정말 터무니없는 얘기가 아닐 수 없다.

사실 케네스 올슨이 말하던 1977년 당시에는 컴퓨터가 거실의 절반을 차지할 정도로 컸던 시절이었다. 컴퓨터의 대안적 사용이나 변화를 예상하지 못할 경우엔 그 분야 최고의 전문가 조차도 고착된 개념을 가질 수 밖에 없었다는 것을 보여주는 사례이다.

모든 사물을 뒤집어 생각해보고 문제의식을 가져보는 자세는 창의적 아이디어의 밑거름이 된다.

인간의 생각 속도는 빛의 속도 보다 빠르다고 한다. 아래 그림은 무엇인가?

    사람들은 영상을 보고 이를 뇌로 보내서 그 동안 보았던 수 억장의 이미지 중에서 유사한 것을 찾아내고 이를 입으로 전달해서 '모나리자'라고 얘기한다. 이러한 과정에서 걸리는 시간은 거의 0.1초면 충분하다.

    우리가 상상력을 발휘하는 데는 고정 관념의 탈피와 발상의 전환이 필요하다. 세간에 전해져 오는 이야기에 대해 생각해보자.

    지난 1960년대 후반, 미국의 항공 우주국(NASA)에서 우주 비행사를 달에 보내려던 시점에 볼펜을 우주에서 사용할 수 없다는 것을 알게 되었다고 한다. 우주에서 겪는 다양한 경험을 기록해야 할 텐데 볼펜은 잉크가 밑으로 내려오는 힘에 의해 써지는 원리라서 무중력 상태인 우주에서는 볼펜을 사용할 수 없다는 것이었다. 이에 NASA는 수백만 달러의 막대한 비용을 들여 우주는 물론 물속에서도 사용할 수 있는 볼펜을 개발해냈다고 한다. 하지만 그 '우주용 볼펜'이라는 것이 무척 투박해서 손가락에 끼우기도 힘들거니와 가지고 다니기에도 거추장스러워 비행사들이 기피하는 바람에 천덕꾸러기 신세로 전락했다고 한다. 미국은 자신들보다 앞서 우주에 나갔던 소련이 무중력 상태에서 어떻게 기록을 하는지 궁금했다. 사실을 파악을 하고 나서는 아연실색했다고 한다. 소련의 우주 비행사들은 '연필'을 쓰고 있었던 것이었다.

우리가 누워서 책을 보다가 기록을 하려고 볼펜을 쓰다 보면 볼펜이 거꾸로 되어 나오지 않는 경험을 한 적이 있을 것이다. 몸을 돌려서 쓰려고 애 쓰는 것보다는 연필을 가져와 여유 있게 사용하면 된다. 이런 예화에서도 현실 적용의 메시지가 있다는 것을 새삼 느끼게 된다.

아이디어의 분출과 확산

> 당신이 만약 어떤 사실을 간단하게 설명할 수 없다면, 당신은 그것을 잘 이해하지 못하고 있는 것이다.
> **앨버트 아인슈타인**

　기본적으로 창의의 과정은 확산적 방식으로 양을 추구해서 많은 다양한 아이디어를 생각해 보고 이를 좁혀 가면서 최적을 결론을 내는 방식으로 진행된다. 가장 흔하게 활용하는 기법은 오스본이 고안한 '브레인스토밍'일 것이다. 브레인스토밍은 비판하지 않고 설득하지 않고 토의하지 않으면서 다른 사람들의 아이디어에 편승해서 생각을 확장해가는 방법이다.

　예를 들어, 요즘은 PDA에 사인을 하면 되지만 '집배원이 와서 도장을 찍어달라고 하는데 인주가 없다면 대용품은 어떤 것이 있을까?' 라는 주제로 3분간만 브레인스토밍을 해보자. 토의를 해보면 대부분 약 1분 정도 의견을 내다가 갑자기 아이디어가 막혀 조용히 있는 것을 종종 보게 된다. 그래도 시간이 남아있고 팀 별로 경쟁하고 있다면 억지로 아이디어를 내 보겠지만, 조직에서 아이디어를 찾을 때는 그 정도 수준에서 아이디어를 내고 그치는 경우가 대단히 많다. 그러다 보니 3분간 토론을 해봐도 많이 나오는 팀이 30여 개 정도가 일반적이다.

대체로 사람들의 생각은 비슷해서 립스틱, 고추장, 사인펜 같은 것들이 먼저 나오다가 뒷부분으로 가면 약간의 아이디어성 의견이 나온다. 입김, 피, 숯, 꽃잎, 사인, 다시 오라고 한다, 심지어는 변까지 나오기도 한다. 먼저 나의 집을 연상하면서 냉장고로 가서 된장, 고추장, 쌈장, 케첩, 머스터드, 김칫국물, 찌개, 오징어 먹물, 짜장, 미숫가루, 와인 같은 것을 찾고 안방 화장대에 가서 립스틱, 아이새도, 마스카라, 파운데이션, 매니큐어 등을 찾는다. 약통에서는 빨간약, 머큐로크롬, 연고, 그 다음엔 화장실로 가서 염색약, 스킨, 치약, 샴푸, 서재로 가서 사인펜, 칼라펜, 색연필, 매직, 스탬프, 잉크를, 현관을 나가다 구두약, 그 다음엔 '앞집에서 빌린다, 경비실에서 빌린다, 문구점으로 간다' 는 식으로 공간을 확대해나간다.

초기의 아이디어들은 다른 사람들의 의견에 편승하면서 유추, 연상, 반대, 결합해나가지만 경쟁력 있는 아이디어는 적은 편이다. 그러다 뒷부분으로 갈수록 현실성은 떨어지지만 의외성 있는 참신한 의견들이 많이 나오게 된다. 어쨌든 브레인스토밍은 많은 아이디어를 낸 팀이 더 많은 열정을 기울였다고 볼 수 있다. 그런데 어떤 한 사람이 의견을 냈는데 '그건 빨간색이 아니잖아' 와 같은 비판적인 말이 나오면 아이디어가 현저히 줄어든다. 두 번째 토의를 3분간 해보면 대부분 50개 이상의 아이디어가 나온다. 칼라 펜, 빨주노초파남보 등등. 과거의 TV 드라마에서 맥가이버가 위기에 처했을 때 '돌파구가 있다'는 희망을 가지고 결국 난관을 극복하거나, 에디슨이 필라멘트 소재 개발에 2천 번의 실험을 했다고 하듯이 끊임없이 추진하려는 의지가 해결의 실마리를 만들어낸다. 그 다음 나온 아이디어들을 분석, 평가하면서 결론을 내는 과정을 거치면 가치 있는 대안들이 모아질 수 있다.

오스본은 브레인스토밍에서 빠지기 쉬운 함정으로 다음 사항을 지적하고 있다.

- 문제를 정확하게 표현할 수 없다 : 너무 구체적이거나 너무 개략적이다.
- 초기의 아이디어들은 쓸모없는 것들이 많은데 참가자들이 그것에 실망하지 않도록 주의를 주는 것을 잊는다.
- 자유분방한 분위기와 단순한 혼돈을 구별할 수 없으므로 혼란 상태로 끝난다.
- 이 방법의 효과를 확대하여 설명한다.
- 아이디어를 낸 후에 각각의 아이디어에 대해 비판, 평가하는

것을 잊는다.

따라서 브레인스토밍은 수직적 사고의 결함을 대체하는 것이 아니라 보완하는 것이라는 생각을 가져야 한다. 참가자 수는 6명에서 15명 정도로 하고, 1주일 전에는 취지나 대략적인 테마를 알려줘 사전에 생각을 정리해오도록 하는 것이 효과적이다. 처음 2~3분 정도의 워밍업으로 긴장을 풀고, 30분 정도가 지나면 피로감을 느끼므로 다음 날에 다음 모임을 갖는 것도 좋다. 브레인스토밍은 일상 업무 해결에서 가설을 내는 것과 전략적 문제 해결에서 대체 해결안을 내는 데 가장 적합한 방법 중의 하나로 볼 수 있다.

그럼, 이번에는 아래 진하게 칠해진 부분의 면적은 얼마인지를 구해보자.

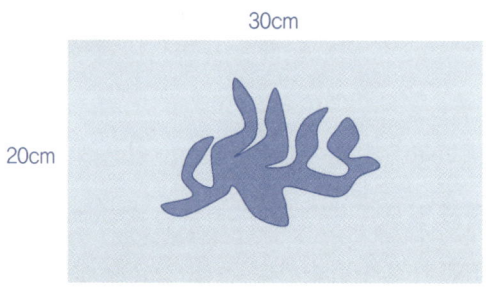

처음 이 질문을 하면 대부분의 경우 웃으면서 '계산할 수 없다'고 말한다. 그러다 '100 제곱 센티요' '120이요' 하는 식으로 어림잡아

얘기하거나, 가끔 어떤 분은 '128.5입니다. 맞아요. 직접 재보세요' '그게 아니라는 것을 증명할 수 있나요?' 하면서 역공을 펴기도 한다. 어떤 사람들은 '600보다 작다' '아래가 전부 칠해져 있으니 600이다' 는 식으로 얘기하기도 한다.

잴 수 있는 방법에 대해 얘기해보라고 하면, '실로 둘레를 잰 후 이것을 사각형으로 펴서 계산한다' 는 식의 그럴듯한 의견을 내기도 한다. 하지만 이 의견은 예를 들어 성게처럼 생긴 도형이 있다면 이 둘레를 잰 후 펴서 계산하면 면적이 너무 커져버려서 상당한 모순이 있음을 알 수 있다. 그러면 다른 사람은 '아주 촘촘한 방안지로 나누어 청색으로 메워진 부분을 모아서 계산한다. 액체를 부었다가 계측이 가능한 용기에 부어 계산한다' 는 수학의 적분 개념으로 설명하기도 한다.

좀더 기다려보면 확률에서의 '라스베이거스 알고리즘' 처럼 '눈을 감은 상태에서 송곳을 들고 무작위로 도형 위를 찍은 후 안에 들어가 있는 개수와 밖의 개수를 세어 보고 비율로 계산한다' 는 의견도 나온다. 그러다 전체 무게를 달고 잘라낸 무게를 달아 비율로 계산한다는 식의 의견도 말하는 사람도 나온다. 이 의견은 면적을 물었는데 무게로 한 단계 발전시킨 아이디어라고 할 수 있다. 그러다 '바로 컴퓨터로 스캔 떠서 구하면 된다' 는 식의 답까지 나오게 된다. 우리가 처음에 이 도형을 봤을 때는 계산할 수 없다고 웃었지만 생각을 발전시켜 나가다 보면 무수히 많은 아이디어가 나옴을 경험하게 된다. 우리의 일상에서도 이렇게 웃고 지나쳐 버리는 사례가 얼마나 많이 있을까 하는 생각이 든다.

하나의 퀴즈를 더 내보자. 다음에 들어갈 주사위 모양은 무엇일까?

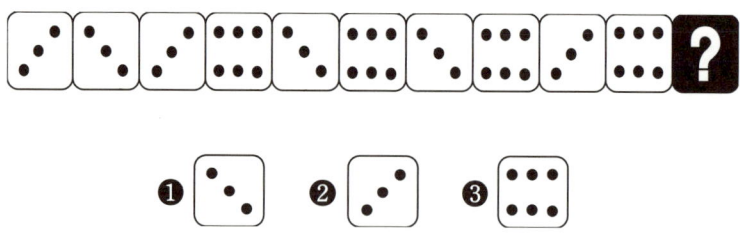

다양한 답이 나올 수 있겠지만 출제자의 의도대로 아래쪽의 배열 순서를 맞추는 사람도 있고,

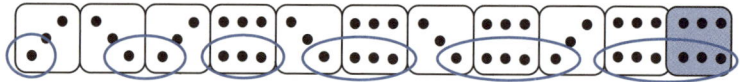

뒤에서 세 번째 '6'을 중심으로 데칼코마니처럼 대칭이 된다고 설명할 수도 있다.

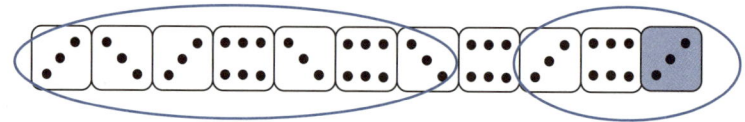

아니면 전체가 특별한 순서가 없으니 다시 처음부터 시작한다고 얘기할 수도 있다.

이렇게 우리가 유연한 사고를 적용해 보면 예상하지 못했던 새롭고 다양한 해결책들을 도출해 낼 수 있다.

창의적인 문제 해결 기법은 오스본의 체크리스트법, 특성 열거법, 희망점 열거법 등 여러 기법들이 있으나 비교적 많이 활용되는 것은 체크리스트법으로 아래와 같은 질문을 활용하는 방법이다.

- 다른 데 용도는 없는가?: 현재 그대로 다른 목적에 사용할 수 없는가? 분해하여 부품이나 부분을 다른 곳에 전용할 수 없는가? 조금 손질하여 다른 데 사용할 수 없는가?
- 다른 곳에서 아이디어를 빌려 올 수 없는가?: 다른 분야의 기술을 가지고 오면 어떨까? 과거에 비슷한 것은 없었는가?
- 바꾸면 어떨까?: 의미, 형태, 모양, 색깔, 레이아웃(배치) 등을 바꿔보면 어떨까?
- 확대하면 어떨까?: 큰 것은 좋은 것이라는 생각으로 시간, 횟

수, 규격, 기능 등을 확대해본다.
- 축소한다면 어떨까?: 작게 · 얇게 · 가볍게 · 짧게, 분할 · 생략 등을 생각해본다.
- 대용하면 어떨까?: 사람 · 물건 · 부품 · 재료 · 기능 등의 대용을 생각해본다. 동력 · 에너지원 등의 대용도 생각해본다.
- 대체해보면 어떨까?: 사람이나 순서 또는 요소를 대체해본다. 일정이나 계획 그리고 마음까지도 대체해보면 재미있다.
- 반대로 하면 어떨까?: 상하 · 좌우 · 전후 · 표리 등 반대의 경우를 생각해보면 된다. 역할이나 레이아웃 등도 해보면 대단히 효과가 높다는 사실을 깨닫게 된다.
- 짝 지으면 어떨까? 결합하면 어떨까?: 목적이나 아이디어 또는 단위의 배합을 생각한다. 성분이나 재료의 배합도 흥미 있다.
- 취소, 폐지하면 어떨까?: 어쨌든 문제를 일으킬 만한 부품이나 기능에 대해 '이것 없이는 안 되는가?' '폐지하면 어떨까?' 등으로 닥치는 대로 생각해나간다. 원가 절감은 폐지에서부터 시작된다.

자, 이번엔 다른 퀴즈를 내보자.

어떤 여인이 임신 중이고, 현재 여덟 명의 아이를 키우고 있다. 그 중 셋은 귀머거리고 둘은 장님이며 한 명은 정신지체아였다. 또한 그녀는 매독에 걸려 있는데…… 그녀는 낙태를 해야 할까?

만약에 여러분이 '예'를 결정한다면 베토벤을 죽인 것이 된다. 우리가 갖고 있는 고정 관념에 대한 도전이 창의성에는 매우 중요한 요소가 된다.

음악가 하이든은 노년에 귀가 어두운 베토벤을 위해 전화가 오면 불이 켜져서 전화가 온 것을 알 수 있는 전화기를 선물했다. 그런데 전화가 온 것을 알면 어떻게 받을 것인가? 어느 기술력이 뛰어난 시계 회사에서 연구개발을 통해 수심 250미터에서도 견디는 방수 시계를 개발했다. 통상 스킨스쿠버들도 물의 압력 때문에 3, 40미터 이상 내려가기가 힘든데 이 시계를 사서 차고 사용할 사람들이 얼마나 있겠는가? 창의성을 발휘할 때 목적성과 방향성을 잃게 되면 이런 실패를 가져올 수가 있다.

감수성 & 상상력 & 탐구정신

자신이 하는 일을 재미없어 하는 사람치고 성공하는 사람 못 봤다.
데일 카네기

　창의성을 발휘하려면 먼저 필요, 아픔, 정서를 민감하게 알아차리는 정적(情的)인 영역의 '감수성'이 필요하다. 불편함을 느껴야 창의적인 발상을 시작하게 되는데, 세종대왕이 훈민정음을 창제한 것도 나랏말이 중국과 달라 문자끼리 뜻이 통하지 않는 것을 안타깝게 여겨 훈민정음을 창제했다는 정서적인 영역에 대한 설명이 있다. 그 다음으로는 인식된 감수성을 제품, 서비스에 연결하는 기발한 방법을 고안하는 지적(知的) 영역의 '상상력'이 필요하다. 그리고 나서는 무한한 인내, 몰입, 집중력으로 제품의 질과 가능성을 높이는 의지적(意志的) 영역의 '탐구력'이 필요하다.

[그림6-2] 창의의 3요소

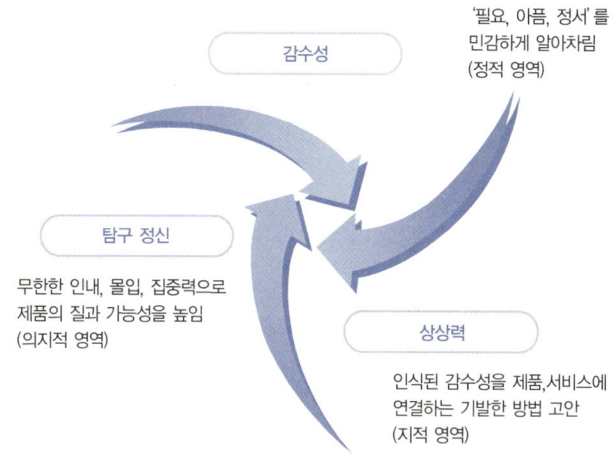

에디슨, 노벨과 함께 세계 3대 발명가 중 하나인 일라이어스 하우는 재봉틀의 발명가이다. 그의 일화에 의하면 재봉틀 발명 프로젝트를 추진하는데 돌파구를 찾지 못하고 고민하다가 잠이 들어 꿈을 꾸게 된다. 꿈속에서 식인종 나라에 잡혀갔는데 '재봉틀을 발명하지 않으면 죽이겠다는 협박을 받고 작업을 했으나 발명을 하지 못해 죽음에 처하게 된다. 식인종의 창이 목으로 날아오는데 창끝에 구멍이 뚫린 것을 보면서 놀라서 잠에서 깨어난다. 그러고 나서 재봉틀을 발명하게 되는데, 보통의 바늘은 바늘 끝과 길이 떨어져 있지만 재봉틀은 바늘과 실이 함께 움직이는 원리로 만들어진 것이다.

이렇듯 창의적인 아이디어는 열심히 몰두하고 나서 어느 순간에

'아하' 하고 떠오르는 경우가 많다. 도깨비 풀을 보고 접착식 끈끈이를 발명하고, 콩을 까다가 담배갑이나 CD를 뜯는 테이프를 발명하고, 최근엔 운동신경이 둔한 사람이나 공간이 좁은 곳에서도 할 수 있는 줄 없는 줄넘기가 특허를 내기도 했다. 대구은행의 사이버 독도지점 아이디어, 변비 환자나 수험생용 한자 성어 화장지, 귀찮은 것을 싫어하는 사람들을 위한 누워서 TV 보는 기구, 간장이 들어있는 젓가락, 액정을 눈앞에 쏴주는 시계 등 주변에 찾아보면 많은 아이디어의 산물을 발견할 수 있다.

요즘은 휴대폰을 알람으로 많이 사용하지만, 기존 알람시계의 문제점은 누르고 다시 잔다는 점이었다. 그래서 여러 아이디어 시계가 나왔다. 시계 위에 퍼즐 조각이 되어있어 시간이 되면 퍼즐 조각이 튕겨져 나가고 이를 다 찾아서 맞춰야 소리가 멈추는 시계, 시간이 되면 헬기처럼 여기저기 날아다니는 시계, 삼겹살을 굽기 시작해 냄새와 연기로 깨지 않을 수 없게 하는 시계, 럭비공처럼 돌아다니는 시계, 대포를 발사해 대포알을 찾아서 넣어야 멈추는 시계, 안 일어나면 자동으로 내 통장에서 기부금이 계속 빠져나가는 시계, 로봇시계의 배에 있는 액정을 광선총으로 맞추어야 멈추는 시계들이 있다. 이 로봇시계는 요동치면서 울기 때문에 맨 정신으로도 원하는 부분을 맞추기가 어렵고 배터리를 빼려면 드라이버를 써야 한다고 하니 잠을 깨우는 목적에는 대단히 충실한 아이디어들이다.

평소 창의적인 플레이어로 인기가 있던 모 국가대표 골키퍼는

2002년 월드컵을 앞두고 2001년 1월에 열렸던 칼스버그컵 대회의 파라과이 전에서 볼을 몰고 나오다 상대 선수에 빼앗겨 심각한 위기를 맞게 된다. 월드컵 1승과 16강에 목말라 있던 코칭 스텝들은 이후 이 선수를 대표 팀에서 제외한다. 조직에서의 창의성도 엉뚱하고 기발하기만 하고 안정감이 떨어지거나 비즈니스와의 연결성이 떨어진다면 별다른 의미가 없어지게 된다.

창의성을 제약하는 편견

그래, 새로운 일에 도전하는 것을 두려워하지 말자. 죽는 것을 제외하고는 모두 가벼운 상처다!
야마자키의 '도전' 중에서

　창의성을 발휘하기 위해서는 먼저 창의성에 대한 저해가 어떻게 일어나고 있는가를 민감하게 자각하고 출퇴근 코스, 식사시간, 메뉴, 대상, 장소 등 일상적인 습관에 변화를 주어야 한다. 그리고 일상적인 일을 할 때라도 그 일에 집중하도록 하고 즉각적 판단 습관을 추방할 필요가 있다. 이러한 수동적 전략을 실행했으면 이에 대응하는 능동적 전략으로, 언제 창의성이 촉발되는지를 찾아내고(어떤 활동, 어떤 사람들, 장소, 의도 및 목적, 시간 등) 그런 환경을 조성하고 강화한 후 스스로에게 창의적 학습을 시행하면서 도전과제를 설정하고 자신의 모든 자원과 배경을 창의적 수단으로 활용하는 노력이 필요하다.

우리는 일상생활을 하면서 '그 생각이 나를 두렵게 한다, 그것은 어리석은 생각이다, 그것은 충분히 중요하지 않다, 그것은 새로운 아이디어가 아니다, 사람들이 그것을 좋아하지 않을 것이다, 그것은 제대로 작동하지 않을 것이다, 그것은 누구도 시도해본 적이 없다'는 변명으로 창의적 시도를 억제한다. 조직 내에서도 '나는 그것을 바르게 설명할 수 없다, 그것은 다른 사람의 말과 다르다, 그것은 근본적으로 차이점이 없을 것이다, 그것은 실행하기에 너무 어렵다, 그것은 충분히 실용적이지 않다, 그것은 지나치게 진보적이다, 사람들은 나를 바보로 생각할 것이다, 나는 그 상황에서 어느 것도 제시할 만큼 충분히 알지 못한다, 내 생각이 옳았더라면 사람들이 이미 시도했을 것이다' 라는 변명을 일삼기도 한다.

창의성 연구가인 로저 본 외흐는 우리의 창의성을 제약하는 편견을 다음 10가지로 설명하고 있다.

❶ 항상 한 가지 정답이 존재한다.
❷ 논리적이지 않은 것은 안 된다.
❸ 항상 규칙을 지켜야 한다.
❹ 실용적이어야 한다.
❺ 노는 것은 쓸데없는 것이다.
❻ 그것은 내 영역이 아니다.

❼ 모호한 것은 피해야 한다.
❽ 어리석은 짓은 하지 말아야 한다.
❾ 실수하는 것은 큰 잘못이다.
❿ 나는 창의적이지 못하다.

우리가 변화 대응 수준을 높이고 창의성을 발휘하려면 다음 사항들을 한번 실천해보자.

- 이제까지 들어본 일이 없는 것은 무엇이든지 귀를 기울인다.
- 이제까지 본 일이 없는 것은 적극적으로 본다.
- 이제까지 체험한 일이 없는 것은 무엇이든지 해본다.
- 이제까지 가본 일이 없는 고장이나 도시에 적극적으로 가본다.
- 이제까지 대화한 적이 없는 사람과 적극적으로 대화한다.
- 이제까지 먹어본 적이 없는 것을 적극적으로 먹어본다.
- 이제까지 들어가본 일이 없는 상점에 들어간다.
- 천박해 보인다고 외면하지 않는다.
- 지나치게 고급스럽다고 체념하지 않는다.
- 만화, 예능지, 여성지, 취업 정보, 기술 정보, 가십 정보, 오피니언, 경제지 등 미디어를 가리지 않는다.
- 부끄럽다는 감각, 발상을 버린다.
- 모르는 것은 분명히 모른다고 말한다. 아는 척하는 것은 '호기

심'의 적이다.

- 편견(브랜드 등에 대한)을 버린다.
- 속임수, 가짜, 모조품, 저속한 것에도 적극적인 관심을 갖는다.
- 언제나 '왜, 왜'라고 자문한다.
- 진부한 것(옛날 잡지, 옛날 도구 등)을 수집한다.
- 이성(異性)에게는 특별히 관심을 갖는다. 성적 매력은 '호기심' 그 자체이다.

노자는 도덕경에서 '뛰어난 사람은 도를 들으면 힘써 행하려 하고, 어중간한 사람은 도를 들으면 이런가 저런가 망설이고, 못난 사람은 도를 들으면 크게 비웃는다. 이런 까닭에 웃음거리가 되지 않는 것은 도라고 할 수 없다(上士聞道 勸而行之, 中士聞道 若存若亡, 下士聞道 大笑之, 不笑不足而爲道)'라고 했다. 해결의 아이디어에도 다양한 반응이 나오는 것이 당연하기 때문에 자신을 상식적 판단 안에 묶어두고 비웃음을 받지 않으려 하는 것은 오히려 창의적인 발전을 가로막는 것이라 할 수 있다.

창의적 아이디어를 내는 데 있어서, 다양한 분야의 사람들을 만나 의견을 교환하면서 시너지를 내는 것을 '메디치 효과'라고 부른다. 15세기 이탈리아 피렌체에서 다양한 분야 사람들의 지적, 예술적 교류를 주선했던 금융 갑부 메디치 가문에서 유래한 말로, 전혀 관련이 없거나 심지어 엉뚱해보이는 분야 사람들과의 교류를 통해서 특

[그림6-3] 2008 학생 발명 경진대회 출품작 예시

코풀기용 모자　　　　안약 넣는 안경　　　　등 긁개용 티셔츠

급의 아이디어를 만들어내는 효과를 말한다. 다양한 분야의 사교나 독서 등을 통한 교양이 창의적 발상을 촉진시킨다는 점에서 이를 실천해 보는 것도 의미가 있을 것이다.

한때 일본에서 일을 게임처럼 한다는 뜻의 게임즈맨이란 말이 유행한 적이 있다. 게임이나 취미는 누가 하라고 하지 않아도 자신이 자발적으로 돈을 들여 하지만 일은 그렇지 않은 것이 일반적이다. 그래서 어떤 사람은 돈을 줘도 안 할 번지 점프를 찾아가서 돈을 내면서 하지 않는가? 우리가 일을 할 때도 게임처럼 임한다면 얼마나 즐거울까? 유연하고 창의적인 조직 분위기나 마인드는 일의 성과뿐 아니라 개인에게도 새로운 활력을 줄 수 있을 것이다.

창의 프로세스 따라하기

> 새로운 생각을 가진 사람은 그 생각이 성공을 거둘 때까지는 괴짜로 취급될 뿐이다.
> **마크 트웨인**

사회 심리학자인 그레이엄 월러스는 1920년대에 창의적 문제해결의 프로세스를 준비 – 부화 – 암시 – 조명 – 검증의 5단계 프로세스로 정의하였다. 준비 단계는 당면 문제와 그 문제의 중요성에 대해 집중하는 단계이고, 부화 단계는 문제가 무의식적인 정신에 녹아들도록 하는 단계라고 할 수 있다. 암시 단계는 창의적인 통찰력에 선행하는 어떤 느낌이 드는 단계를 말하고 조명의 단계는 영감을 받는 깨달음의 단계이다. 마지막으로 검증의 단계는 아이디어가 의식적으로 확인되고 적용되는 단계이다. 월러스는 창의성이란 진화과정에서 자연스럽게 발생하는 것으로 인간으로 하여금 변화하는 환경에 적응하도록 만드는 것이라고 주장했다.

반면, 미국 창조성 센터에서는 사실 발견 → 문제점 발견 → 아이디어 발견 → 해결책 발견 → 대응책 발견의 절차를 제시하기도 했고, 또 어떤 자료에는 문제정의 → 철저한 학습 → 까맣게 잊기 → 순간적 영감 포착 → 황금 고르기로 설명하기도 한다. 한양대의 유영만 교수는 상상 창의력 발휘의 10가지 원칙으로, ①눈 여겨 봐라 ②마음으로 물어라 ③안 보여도 참아라 ④이미지로 그려라 ⑤뒤집고 엎어라 ⑥차이를 존중하라 ⑦모순을 끌어 안아라 ⑧이것 저것 엮어라 ⑨좌우지간 저질러라 ⑩신나게 놀아라의 요소를 제시하고 있다. 이러한 프로세스를 종합하면, 문제를 인식하고 사실을 탐색하여 문제를 명확화하는 '인식 단계', 아이디어를 '산출하는 단계', 아이디어나 해결안을 평가하는 '판단 단계', 실행 계획을 '실천하는 단계'로 구분됨을 알 수 있다.

어떤 프로세스를 활용하던 기본적으로 창의성을 발휘하기 위해서는 다음 요소들이 중요하다.

❶ 문제의식 : 늘 문제의식을 갖는다. 호기심이 왕성하고 자신, 타인, 환경에 대한 감수성이 예민하다. 현재에 만족하지 않는다. 목표 의식을 갖고 있다.

❷ 지각의 폭 : 다른 각도에서 인식한다. 감동한다. 공감한다. 표

[그림6-4] 창의적 문제 해결의 4단계

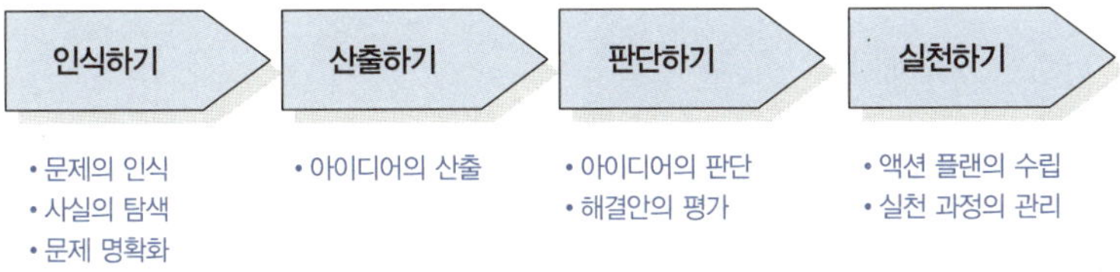

```
[ 인식하기 ] → [ 산출하기 ] → [ 판단하기 ] → [ 실천하기 ]
• 문제의 인식      • 아이디어의 산출   • 아이디어의 판단   • 액션 플랜의 수립
• 사실의 탐색                      • 해결안의 평가    • 실천 과정의 관리
• 문제 명확화
```

면에 얽매이지 않고 사물의 본질을 보려고 한다. 있는 그대로를 관찰한다. 간과하기 쉬운 것을 발견하다.

❸ 독창성 : 의외성이 있다. 독자성이 있다. 끌어당기는 매력이 있다. 유머감각이 있다.

❹ 유연성 : 고집, 선입견을 갖지 않는다. 흑백논리를 갖지 않는다. 상황에 맞춘다. 다른 가치관이나 문화를 수용한다. 경청한다.

❺ 연상력 : 곧바로 생각해낸다. 다양한 표현을 사용한다. 가공하고 궁리한다. 발상을 전개한다.

❻ 의욕 : 끈기, 인내가 강하다. 꺾이지 않는다. 포기하지 않는다. 집중한다. 미루어 생각하지 않는다. 도중에 타협하지 않는다.

쉬어가는 페이지

변화를 가로막는 고정관념과 말

"얼마나 가나 봐라" (불신주의)
"전에 안 해본 줄 알아?" (경험 중시)
"우리 회사가 하는 일이 별 수 있겠어?" (부정적 사고)
"빨리 크는 놈이 먼저 나간다" (뒷다리 잡기)
"긁어 부스럼 만들지 마라" (복지부동)
"또 바뀔 텐데, 뭘" (비관주의)
"그래, 너는 잘될 것 같냐?" (물귀신 작전)
"너나 잘하세요" (냉소주의)
"중간만 가면 돼" (평균주의)
"이럴 땐 납작 엎드려 있으면 돼" (복지안동)
"줄을 잘 잡아야 돼" (정실주의)
"시간이 약이라니까" (세월이 약)
"찜찜해" (막연한 불안)
"그거 우리 부서 일 맞아? (책임 전가)
"하라면 해" (지시 일변도)
"구관이 명관이다" (과거 회귀)
"돌다리도 두들겨보고 안 건넌다" (지나친 보수주의)
"문서로 보고해" (문서 만능주의)
"어떻게 하겠어. ○○ 지시 사항인데" (지시의 설사)
"감히 누구 말씀인데" (관료주의, 성역의 존재)
"규정에 있는 거야?" (규정 탓)
"윗 대가리가 바뀌어야지" (상사 탓)
"직원들은 우수한데 회사 때문에 안 돼" (회사 탓)
"사업 계획에 있나?" (경직된 사고)
"대충 대충해" (적당주의)
"당신이 매니저야?" (임파워먼트 부재)

제7강

직관력 레시피

가치의 혁신
직관적 혁신 사례
직관의 활용과 습관화
균형 있게 머리 쓰기

가치의 혁신

> 가치의 시대가 왔다. 최고의 상품을 세계 최저의 가격으로 팔지 못하면 당신은 게임에서 도태될 것이다. 고객을 잃지 않는 최선의 방법은 고객에게 더 많은 것을 더 낮은 가격에 제공하는 방법을 끊임없이 강구하는 것이다.
> **잭 웰치(GE의 전 회장)**

 기본적으로 기업이나 조직이 생존하기 위한 부등식은 '원가 〈 가격 〈 가치'의 부등식이다. 예를 들어, 우리가 새우깡 한 봉지를 소매점에서 800원에 구입하는데 제조회사에서 원가가 900원이 들어간다면 그 기업이 존속할 수 있겠는가? 구색 상품이나 기획 상품을 임시적으로 원가보다 싸게 팔 수는 있겠지만, 기업조직은 원가를 최대한 효율화해야 한다. 그래서 가격보다 낮은 비용으로 생산하고 남는 차액으로 재투자나 직원 복지 등에 사용한다. 이것이 기업이 얻는 정당한 보상이 되는 것이다. 반면 새우깡을 사서 먹는 고객의 입장에서 볼 때, 어려서도 먹었고 지금도 먹는데 질리지도 않아서 이 과자가 1,000원이어도 사 먹을 것이라고 한다면 고객이 느끼는 가치는 1,000원이고 가격과의 차이 200원은 고객이 가져가는 혜택이 되는 것이다. 이렇듯 원가 < 가격 < 가치의 부등식 관계가 유지된다면 기업이나 고객 모두에게 도움이 되고 이 상품이나 제조 기업은 살아남을 것이다.

이번엔 고객의 관점에서의 가치를 다시 한번 생각해보자. 우리가 차에 기름을 넣기 위해 주유소에 가서 5만원 어치의 기름을 넣는다. 그리고 부부가 오랜만에 영화 한 편을 보러 가서 1만 6,000원을 내고 영화 한 편을 본다고 하자. 차에 기름을 넣기 위해서는 내 차를 몰고 주유소까지 가는 기회비용의 투입이 발생한다. 그런데 그 주유소에 가는 이유는 기름 값이 싸거나 거리가 가깝거나 쿠폰이 있거나 세차를 해 주거나 뭔가 특별한 이유가 있을 것이다. 또 영화 한 편 보러 가서 주차료로 1만원을 낼 수도 있다. 그러면 2만 6,000원을 내고 영화 한 편을 본 것인데 그 영화관에 가면 의자도 안락하고 머리도 안 가릴 정도로 쾌적하고 팝콘도 맛있다는 등의 이유가 있을 것이다. 마찬가지로 우리가 병원에 가서 치료비를 내고 처방전만 받아오는 것이 아니라 내 의료 기록의 변화에 대해 자문해주는 의사가 있고 그 의사가 그 분야에서의 명성이 있다면 다른 곳을 제쳐두고 그 병원으로 가게 될 것이다.

이렇듯 고객이 지불해야 하는 투입은 최소화해주고 추가적인 특유의 품질이나 프로세스 등의 가치를 극대화한다면 그 가치에 고마

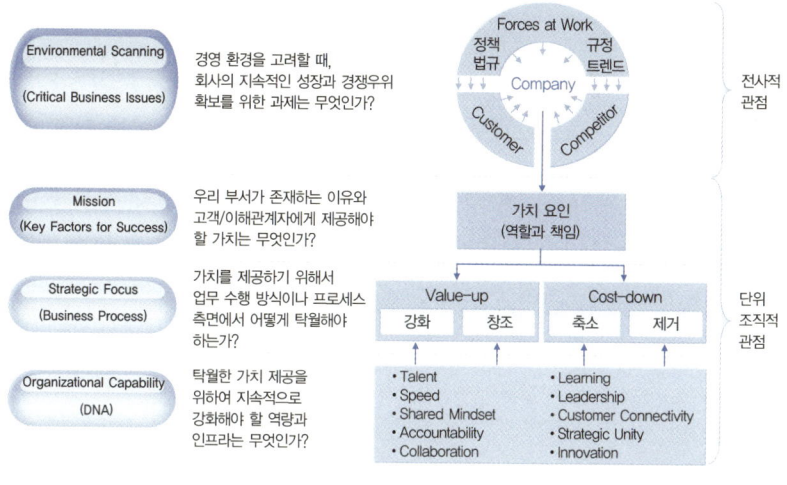

[그림7-1] 가치 혁신 프로세스

움을 느끼면서 충성 고객이 될 것이다. 요즘 ARS 상담 시스템이나 인터넷 지원 시스템을 구축하는 것도 고객의 투입을 최소화하려는 노력 중의 하나에 해당된다고 볼 수 있다.

이러한 가치의 혁신을 추구하려면 우선 비용을 줄이고 가치를 높이는 활동을 전개해야 한다. 가치는 본연의 가치, 회사 고유의 가치, 추가적인 혁신적 가치로 나누어 점검한 후 가치 제고 요소를 찾아야 하고, 비용도 눈에 보이는 부분뿐 아니라 거래 비용, 그림자 비용, 기회비용, 매몰 비용 등을 모두 고려해야 한다. 가치 혁신의 프로세스를 살펴보면 우선 고객이나 시장에 대해 냉정하게 재정의한다. 그런 다음 제공할 가치 요소를 발굴하고, 비교 대상을 선정한 후 각 가치 요소의 분석과 검증 작업을 거쳐 전개한다. 환경 분석을 거쳐 경쟁우위 확보를 위한 과제를 도출하고 우리가 제공하는 가치나 역할, 책임 등을 확인한다. 그러고 나서 수행 방식이나 프로세스 등을 고려해 창출, 확대, 축소, 제거할 요소들을 검토하여 탁월한 가치 제공을 위한 인프라나 조직 역량의 확보 방안을 병행해서 추진하게 된다. 새로운 비즈니스 모델의 설정을 위해서는 고객과의 접점을 확인해 제공하는 제품이나 서비스의 패키지가 어떠한 요소로 구성되어야 할지를 검토하고, 사명이나 미션의 재확인, 차별화 요소의 발굴을 거쳐 핵심 역량을 기반으로 어떠한 활동을 전개해나갈지를 판단해 핵심 가치의 충족과 재창조를 위한 파괴의 과정을 반복해나가게 된다.

직관적 혁신 사례

오늘의 솔루션이 내일의 문제가 될 것이다(Today's solution will be tomorrow's problem).
피터 셍게

　지식 경영의 대가인 피터 셍게는 우리가 해결했던 오늘의 솔루션이 내일엔 문제로 작용할 것이라는 무서운 진실을 얘기하고 있다. 오늘 고민해서 결정했던 해결책이었더라도 상황이 변한 내일에 어제의 성공 체험에 젖어 이를 답습한다면 오히려 문제 해결을 가로막는 장애가 될 것이란 의미이다. 우리가 아는 '2년차 징크스'도 새내기 시절 발군의 실력을 보인 선수나 학생이 다음 연도엔 성적이 썩 좋지 않는 현상을 말한다. 영화의 속편이 실패하듯이 과거의 성공에 안주한 결과라는 것이다.
　일전에 알았던 모 애널리스트는 투자 의사결정을 할 때 기업의 재무제표를 보지 않고 그 회사에 가서 경영자를 인터뷰하고 직원들의 분위기를 보고 결정한다고 한다. 그의 말에 의하면 재무제표 역시 어제의 실적이지 내일의 성과를 보장하는 것이 아니지 않느냐는 것이다. 우리의 인생에서도 과거에 성공을 가져다주었던 행동이나 방식을 매번 답습하다가 실패를 경험하는 경우를 많이 볼 수 있지 않은가? 흔히 '나는 이 분야에서 경력 10년이오'라고 얘기하는 사람들이 마치 1년짜리 경험을 10번 반복한 정도의 수준을 보여주면서도 자신의 과거 경험에 목숨을 거는 듯한 태도를 종종 보인다.

창의적으로 새로운 가치를 창출했던 사례는 도처에서 너무나도 많이 발견된다. 늘 창의성을 바탕으로 다양성과 차이점을 추구해 왔던 나이키, 『블루오션 전략』에서 소개되었던 호텔 체인 아코르 사, 일등석을 없앴던 버진 애틀랜틱 항공사, 이탈리아의 의류기업 베네통 등 많은 기업들이 새로운 가치를 만들어 성공한 기업들이다.

태양의 서커스로 불리는 캐나다의 '시르크 드 솔레이유'는 1984년부터 캐나다에서 거리 공연을 하던 서커스단이었는데, 기존 서커스에서 빠질 수 없었던 동물 쇼를 과감하게 폐지하고 올림픽 금메달리스트들을 채용해 사람 쇼를 기획했다. 그리고 주제가와 스토리 라인을 입히고 전혀 새로운 형태의 상품으로 재탄생시켜 누적 관객 수 8,000만 명에 연간 매출액이 1조원이 넘는 공연 기업을 만들어냈다. 한국에서도 〈퀴담〉과 〈알레그리아〉를 공연했고, 〈O〉 〈카〉 〈러브〉 등의 라스베이거스의 상설 공연장은 연일 매진 사태를 빚고 있다. 인간의 상상력을 동원해 완전히 새로운 세트를 구성하고 예상치 못했던 창조적인 무대를 연출하는 그들의 성공은 시사하는 바가 매우 크다고 하겠다. 우리나라의 '난타' '비보이' '명성황후' 등도 새로운 전략적 캔버스를 그려 성공적으로 차별화한 훌륭한 문화 상품이라고 하겠다.

기업뿐 아니라 최근 각광을 받고 있는 도시국가 두바이도 주목할 만하다. 두바이는 10여 년 전까지만 해도 인구가 130만 명밖에 안 되는 페르시아 만의 작은 어촌에 불과했다. 그때까지는 석유 자원으로 부를 누리고 있었는데 석유 자원 부존량이 고갈되더라도 존립할 수 있는 도시국가를 만들기 위해 야심 찬 계획을 추진한다. 버즈 알 아랍 호텔을 시작으로 대형 쇼핑몰, 사막의 스키장, 각종 이벤트와 박람회의 유치, 두바이 랜드, 해저 호텔, 내륙 운하 등 동시에 수백조 원의 프로젝트가 진행되었는데, 그 중심에는 쉐이크 무하메드 국왕의 리더십이 자리 잡고 있다. 통찰력과 창조력, 실행력을 모두 보여주는 그의 리더십은 규제 철폐와 파격적인 행정 서비스, 세계적인 싱크 탱크의 활용 등을 통해 국가의 운명을 바꿔 놓았다. 물론 노조도 없고 종신 국왕의 지위를 갖는 등 우리와 상황은 다르지만 창조적인 가치 혁신의 사례로 손색이 없다. 최근 삼성물산이 세계 최고층 버즈 두바이 호텔을 건축하는 등 빌딩 건축, 항만 건설, 담수 및 발전 시설 건설 등의 분야에 진출해 새로운 기회를 누리고 있다.

국내 장수 브랜드를 살펴보아도 안티푸라민, 용각산, 새우깡, 아로나민 골드 같은 제품들은 수십 년 간 고객에게 지속적인 가치를 제공해옴으로써 장수 브랜드의 명성을 얻었음을 알 수 있다. 지금도 하루 70만 개가 팔린다는 바나나 맛 우유를 비롯해서 모나미 볼펜, 활명수, 초코파이, 브라보 콘, 샘표 간장, 훼스탈, 도루코 등 우수 브랜드들은 소비자 물가 상승률 이하로 가격을 변동시키면서도 지속적인 마케팅과 변화 노력으로 혜택을 고객에게 돌려주었기 때문에 가치 있는 제품으로 자리매김했다고 본다. 우리 상품이 세계 시장에서 점유율 1위를 유지하고 있는 D램, LCD, 오토바이 헬멧, 손톱깎이, 등산화, 낚싯대, 심지어 콘돔까지도 부단한 가치 혁신의 자랑스러운 산물이라고 하겠다.

외식업체 아웃백 스테이크의 경우도 가장 빠른 시간 내 100호점을 개설하고 업계 1위를 달성한 데는 고객 가치 중심적인 시스템이 작용했던 것을 알 수 있다. 처음으로 무릎 꿇고 주문을 받거나, 런치 세트를 개발하거나, 기다리는 동안에 음식을 주거나, 매장 부근의 빌딩을 돌면서 빵과 스프 등의 아침 식사를 제공하는 등의 활동은 모두 업계 최초로 실시된 것들이다. 하다못해 먹다 남은 음식을 포장해줄 때에도 새 감자와 빵 등으로 바꾸어준다든지 바쁜 중에 영수증 뒷면에 감사의 메모를 직접 써준다든지 고객을 위한 가치 제공은 끝이 없었다. 점장이나 직원들도 소사장 식으로 경영하면서 인력이나 물자를 자율적으로 관리하고 매달 인센티브를 받음으로써 회사를 가치 있게 여기고 주인처럼 경영할 수 있었다는 것이다.

[그림7-2] 블루오션 전략에서의 가치혁신 사례

태양의 서커스단	
제거 • 스타 곡예사 • 구내 매점 • 동물 묘기 쇼	**증가** • 독특한 공연장
감소 • 재미와 유머 • 스릴과 위험	**창조** • 테마 • 다양한 공연 작품 • 예술적 음악과 무용

⇩

캐나다 퀘벡의 거리 공연에서 시작, 20년간 90개 국 공연, 누적고객 8천만 명, 2007년 매출액 1조원 돌파

카셀라 와인즈 사	
제거 • 와인 전문 용어 • 숙성 연도와 품질 • 판촉 마케팅	**증가** • 저가 와인 대비 가격 • 소매상 참여
감소 • 와인 맛의 복합성 • 와인의 종류 • 와인 산지의 명성	**창조** • 대중 친숙성 • 선택의 용이성 • 재미와 모험

⇩

호주의 옐로우 테일, 과일향의 맛, 캥거루 상표 디자인,미국 내 최다 수입 와인, 연간 1000만 상자 판매

오너십은 오너로 느끼게 만드는 시스템이 뒷받침되어야 진정으로 발휘할 수 있는 것이다. 우리가 계속 새로운 가치를 창출하려면 더 많은 영역에서 가치 혁신의 요소를 발굴할 수 있어야 한다. 그리고 그러한 활동이 조직의 문화로 정착되어 있다면, 미국의 노드스트롬 백화점처럼 타이어를 팔지도 않는 매장에서 고객이 환불을 요구한 타이어의 값을 일선 직원이 바로 현금으로 지급해줄 정도의 혁신적인 활동이 가능해질 것이다.

직관의 활용과 습관화

> 사물의 본질을 파악하는 데는 눈 깜짝할 사이인 2, 3초면 충분하다.
> 말콤 글래드웰, 「블링크」중에서

2년 전 국내 모 자동차 그룹에서 관리자용 의사결정 프로그램의 과정 개발을 의뢰 받아 작업을 진행한 적이 있었다. 이 그룹은 과거 경영자의 직관력과 통찰력에 의해 효과적인 의사결정과 그룹의 성장을 해온 터였다. 새삼스럽게 의사결정 모듈을 개발하여 전파시키려는 의도를 물었더니, "그 동안 경영자의 직관에 지나치게 의존하다보니 관리자들의 의사결정 능력을 보완할 필요를 느꼈고 상대적으로 논리적인 프로세스가 취약해서"라는 답변을 들었다. 역시 균형 있게 그때그때 필요한 사고법을 활용하는 것이 중요하다는 생각을 다시금 해보는 계기가 되었다.

사실 문제의 해결 방식에는 논리적인 해결, 전략적인 해결, 창의적인 해결, 직관적인 해결 방법 등이 있지만 나에게 맞는 어떤 방식을 쓰더라도 효율적으로 문제를 해결하는 것이 중요하다. 다양한 방식의 적용을 위해서는 상대적인 활용 빈도 등을 분석해서 취약한 점을 보완하려는 노력을 병행해야만 한다. 서양식의 논리적인 사고에 의해 예측 가능한 해법을 내놓는 것도 체계적으로 보이지만, 소위 '감(感)'에 의해 직관적인 통찰력을 발휘해 문제를 해결하는 것이 오히려 고수로서의 신비로운 경외감을 불러일으키기도 한다.

'뭔지 모르겠지만 아닌데' '다른 뭔가가 있을 것 같은데' 하는 느낌이 효과적인 문제 해결에 매우 중요하다는 것은 당연하다. 그리고 직관은 내 지식과 경험과 통찰력의 산물이기 때문에 그 결과를 활용하는 것은 매우 가치 있는 활동이 된다. 문제를 해결할 때 우리의 직관을 믿고 자연스럽게 이 기제의 작동에 마음을 맡겨두는 여유 있는 태도도 의외의 성과를 거둘 수 있다.

직관에 덧붙여 생각해볼 때, 문제를 해결하려고 시도하는 자세와 실제로 해보는 태도가 필요하다는 것은 자명하다. 서문에서 얘기한 대로 유리병의 아래쪽에 밝은 빛을 비추고 벌과 파리의 탈출시간을 실험했던 사례는 우리가 가지고 있는 얕은 지식이나 경험을 고수하면서 벌처럼 행동하는 것보다는 일단 좌충우돌식이더라도 파리처럼 뛰어들어보는 태도가 필요하다는 점을 강조하고 있다.

우리들의 학습 곡선을 보면, 학습 능력이 증가하다가 고원

(plateau)현상처럼 평평하게 진전이 없는 단계를 거치게 되고, 그 이후에 다시 상승 곡선을 그리는 것을 알 수 있다. 아이들도 계단을 오를 때 하나씩 오르기보다는 가만히 서 있다가 갑자기 주르륵 올라가서 부모를 놀라게 한다. 이것이 바로 발전 커브라 할 수 있다. 우리의 지식도 역시 지식의 습득에 의해 여러 개의 지식세포가 붙어 가다가 어느 때 갑자기 통찰력이 발휘되면서 전체가 꿰어지는 놀라운 경험을 종종 하게 된다. 따라서 문제 해결도 노력을 집중하고 나서 어느 시점에 그것이 무르익으면서 해결의 실타래 풀리는 것을 기다리는 여유 있는 태도를 필요로 한다.

자, 이번에는 간단한 과제를 제시해보고자 한다. 얇은 우유 빨대로 큰 감자를 뚫을 수 있는가? 혹은, 날달걀을 세로로 아무 구조물 없이 평평한 면 위에 세울 수 있는가? 이 과제의 정답은 물론 '있다'이다. 개인적으로 각자 한 번씩 집에서 실험을 해보면 알겠지만 날계란이 세로로 평평한 바닥에 서기도 하고 큰 감자에 빨대가 얼마나 쉽게 들어가는지를 보고 놀라게 될 것이다. 이러한 실험을 통해

'하면 된다'는 신념과 문제를 해결하겠다는 의지를 가지고 시도하는 사람만이 남과 다른 성과를 낸다는 것을 체득하게 되길 바란다. 문제는 윤리적으로 그릇된 방법이 아니라면, 어떤 방식을 쓰든 해결만 하면 되는 것이다. 각종 기법이나 스킬, 마인드 등 어떤 것을 활용하든 간에 문제를 해결하겠다는 의지를 가지고 다양한 접근방법을 응용하고 습관화하는 자세가 필요하다.

전 직장에서의 일이다. 그 당시엔 많은 사람들이 선진 해외 지사의 근무를 희망했고 모이기만 하면 종종 누가 해외지사 발령을 받았다는 얘기를 나누었지만 그 자리가 불가능에 가깝게 느껴지곤 했었다. 그런데 잘 아는 동료 한 명이 자신이 이번에 지사 발령을 받았다고 하지 않는가? 다들 어떻게 된 거냐고 물었더니 그 친구는 이렇게 대답했다. '거기서 일하고 싶다고 사장님께 편지를 썼어.' 결국, 직접 시도하고 부딪치는 것보다 쉽고 확실한 방법이 또 있겠는가?

균형 있게 머리 쓰기

더 잘 할 수 있는 방법이 있다. 그것을 찾아내라!
토머스 A. 에디슨

　우리의 뇌는 논리 중심의 좌뇌와 창의 중심의 우뇌로 구분되어 있다고 한다. 좌뇌는 디지털 뇌라고 하는데 논리, 언어, 지성, 음성, 계산을 관장하는 뇌이고 우뇌는 아날로그 뇌로 음악적, 직관적, 공간적, 감성적인 뇌에 해당된다. 누구나 양쪽 뇌를 사용하지만 환경, 경험적인 영향 등으로 현재 시점으로 보면 특정 뇌에 치우친 사고를 하는 사람들이 대부분이다.

　대체로 예술가나 개그맨은 우뇌적인 사고를 많이 하지만, 일반적인 직장인들은 좌뇌형인 경우가 훨씬 많다. 아마도 직장 생활을 하면서 접하는 문제들이 합리적인 이성을 요구하는 경우가 많고 직장에서의 방침이나 규칙을 따라야 하는 점 등에서 자꾸만 왼쪽을 향해 가게 되는 것 같다.

예를 들어 문제를 해결할 때에도 좌뇌형은 신중히 생각하고, 선택할 수 있는 모든 가능성을 검토한 후 중요한 것부터 순서를 정해서 제일 좋은 것을 고르는 방식을 취한다. 반면 우뇌형은 문제가 자연스럽게 해결되도록 내버려두는 경향이 있다. 우뇌형이 공상이나 예감을 중요시하고 공간이나 사물의 변경이나 변화를 추구하는 반면, 좌뇌형은 질서와 안정을 중요시하고 목표와 시간관념이 강하면서 조리 있는 대화에 능하다. 강의 중에 토의를 진행할 때도 정해진 시간이 다가오는데 정리가 안 되고 잡담들만 오갈 경우 시간관념과 목적의식이 강한 좌뇌형이 더 조바심을 내곤 한다.

취미 생활에 대해서도 우뇌형은 취미는 오락과 휴식이라는 개념을 가지고 있는 반면, 좌뇌형은 목적 지향적이고 경쟁적인 취미활동이라고 여기는 등 시각이 다르다. 예를 들어 화초를 가꾸어도 좌뇌형은 잘 가꾸어 대회에 출품하기 등 목적을 갖는 경우가 많다. 사람의 얼굴을 기억하는 것은 이미지에 강한 우뇌형이 우수한 반면, 좌뇌형은 명함에 만난 장소와 이유를 기록해 두는 식이다.

수학에 대한 선호도 대수는 좌뇌형이, 기하는 우뇌형이 강하고, 글자를 정자로 그리듯이 쓰는 유형은 우뇌형에 가깝다고 볼 수 있다. 예를 들어 어떤 지역을 찾아갈 때도 좌뇌형은 인터넷에서 약도를 출력해 출발한다면, 우뇌형은 특유의 공간 능력과 감으로 찾아가기 시작하는 차이를 보일 수 있다. 아이들에게 블록 작업을 시키면 우뇌형은 만들어가기 시작하면서 어떤 도편이 있는지를 확인해가는 반면, 좌뇌형은 가방을 엎어 도구들을 확인하고 나서 작업에 들어간다고 한다. 좌뇌형은 오른손잡이가 정상이라는 인식이 강해 왼손잡이가 적고 감정의 기복도 적어 최면에 걸릴 확률도 적다고 한다. 미래에 대한 의사결정도 좌뇌형은 미래를 예측하고 변화에 대응하면서 객관적이고 체계적으로 목표에 집중하는 반면, 우뇌형은 미래를 상상하고 어떻게 창조할까를 설계하면서 가능성에 대한 환상을 유지한다. 렌즈에 비유한다면 좌뇌형이 집중해서 당겨보는 줌 렌즈라면 우뇌형은 거시적 시야를 갖는 와이드 렌즈에 가깝다고 할 수 있을 것이다. 그런데 우리의 몸과 뇌의 작용은 반대 방향이어서 몸의 왼쪽을 주로 사용하면 우뇌형에 가까워지고 몸의 오른쪽을 주로 사용하면 좌뇌형에 더 가까워진다고 한다.

그런데 문제를 해결해가다보면 다양한 사안과 접하게 되고 그때마다 적절한 요소를 꺼내서 써야 하기 때문에 두뇌를 균형 있게 사용하는 것이 매우 중요하다. 조직에서도 신입 사원들은 좌우뇌를 균형 있게 사용하는 경향이 있지만 조직 생활을 오래하면 할수록 점점 좌뇌형으로 굳어지는 경향을 띠게 된다. 그러한 편향성이 문제 해결을 더욱 어렵게 만든다.

우뇌적인 기능이 지나치게 강하다면 다음과 같이 좌뇌를 개발하

[그림7-3] 두뇌의 구조와 기능

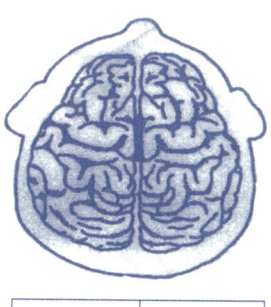

판단 기능	우반신 통제		좌반신 통제	산출 기능
좌뇌	시간		공간	우뇌
디지털 뇌	기억		직관	아날로그
논리	대화		영감	뇌
언어	수		감정	음악적
지성	계산		태도	직관적
음성	종합화		신체적 균형	공간적
계산	양		예술	감성적
	분류		조각	
	이론		리듬, 음악, 댄스	
	분석		체육	
	언어 정보 처리		비언어정보처리	
	의식		감	

질서적	직관적
분석적	종합적
시계열적	공간적

는 노력을 기울일 필요가 있다.

- 일상생활에서 일어나는 일들을 기록해 두는 습관을 기른다.
- 기록된 사항들을 검토해보고 중요한 일, 대수롭지 않은 일들을 가려내서 체계적인 방법으로 해결하는 습성을 기른다.
- 목표를 미리 세워 목표 달성을 위해 노력한다.
- 매사를 합리적으로 생각하는 버릇을 들이고, 운수에 맡기고 무작정 해보려는 생각을 버린다.
- 익숙하지 않는 일을 처음으로 할 때는 실험 작업을 몇 번 해보고 그 결과를 자세히 검토, 분석해서 최선의 방법을 찾으려는 습관을 기른다.

- 전화를 받을 때는 오른쪽 귀로 받고, 조직적이고 합리적인 좌뇌로 상대방의 이야기를 분석하면서 듣는다.
- 모든 셈은 주먹구구로 하지 말고 늘 정확하게 계산하는 습관을 기른다.
- 모르는 일은 알 때까지 꼬치꼬치 파고 물어본다.
- 혼자 조용히 있는 시간을 많이 가지고, 일기를 쓰는 버릇을 들인다.
- 매사를 차분히 순서 있게 생각하는 습관을 기른다.
- 배우자나 상관에게 상황을 설명할 때는 순서 있게 기록해서 진행한다.
- 매일 매일의 활동은 시간표와 계획표에 따르도록 노력한다.
- 무슨 일이든지 한 덩어리로 총괄적으로 보지 말고 세밀하게 나누어서 그 원인과 결과를 분석해 보는 처리 방법을 취한다.
- 모든 일을 숫자로 표시하는 습관을 들인다.

반면, 우뇌 기능이 취약하다면 다음 사항을 실천해보는 것이 도움이 된다.

- 전화를 받을 때는 늘 왼쪽 귀를 쓴다.
- 낙서하듯이 늘 그림을 그려본다.
- 콧노래나 노래를 부르는 습관, 농담을 하는 버릇, 껄껄 웃는 버

릇을 들인다.
- 책상에 앉아 있을 때도 자주 몸을 뒤로 기대고 눈을 감고 공상에 잠기는 습관을 갖는다.
- 한가할 때면 자주 눈을 감고 마음속으로 어렸을 때 살던 마을의 이모저모, 옛날 살던 집, 학교, 늘 거닐던 길, 옛 친구들의 모습 등을 되도록이면 자세히 머릿속에 그려 본다.
- 대화를 할 때에는 상대방의 눈을 주시하며 요점을 몸소 느껴보는 버릇을 기른다.
- 과거에 알고 있는 일들, 사람들, 지식들을 서로 연결을 맺어보는 습관을 기른다.
- 주위에 있는 여러 가지 색깔, 여러 가지 향기, 여러 가지 소리, 여러 사람들의 기분에 관심을 가지고 알려고 애쓴다.
- 사물을 총괄적으로 보고 각 부분들이 서로 어떻게 관계를 맺고 있는가 살피는 습관을 기른다.
- 예술 작품, 유행하는 옷, 아내의 옷차림 등을 유심히 보고 거기에 담겨 있는 멋을 찾아보는 습관을 기른다.
- 자기와 관계없는 일에도 관심을 가져보며, 마땅치 않은 일에도 마음의 문을 활짝 연다.
- 대화할 때는 몸짓을 많이 하고 자주 껄껄 웃는다.
- 오락과 운동, 등산 등 취미 생활이나 산책을 즐긴다.

최근 최고의 경영자로 주목 받는 애플 사의 스티브 잡스 회장은 스탠퍼드 대학 졸업식연설에서 'Stay hungry, stay foolish'란 가치를 소개했다. 이는 헝그리 정신 같은 절박함, 그리고 엉뚱할 정도의 유연함을 갖는 것이 필요하다는 말이다. 문제 해결에 임할 때도 논리 전개의 바탕에는 절박하게 문제와 씨름하면서 좌뇌적인 두뇌 사용을 극대화하는 것뿐 아니라 굳어져 가기만 하는 우리의 창의성을 계속 자극하고 활용해야 한다는 점을 강조하는 것이다. 즉 이성과 감성, 생각과 느낌, 질문과 감탄, 좌뇌와 우뇌가 경계 없이 조화롭게 융합되는 것이 효과적인 문제 해결의 전제일지도 모른다.

쉬어가는 페이지

내게는 그만한 가치가 있다

내게는 그만한 가치가 있다.
그런 선택을 한 것도 당신이고,
그런 말을 한 것도 당신이고,
가격을 그렇게 낮게 정한 것도 당신이고,
화를 낸 것도 당신이고,
아이들을 원한 것도 당신이고,
자신을 비하한 것도 당신이고,
그 빌어먹을 개를 산 것도 당신이고,
그 자식을 믿은 것도 당신이고,
그런 사람과 결혼한 것도 당신이고,
자신의 가치를 낮춘 것도 당신이고,
직장을 때려치운 것도 당신이고,
그들을 돌아오게 한 것도 당신이고,
꿈을 팔아 버린 것도 당신이고,
그 일을 택한 것도 당신이고,
그들이 당신을 그렇게 대접하도록 만든 것도 당신이고,
이사하고 싶어한 것도 당신이고,
그것을 냉장고에 둔 것도 당신이고,
그것을 산 것도 당신이고,
그것을 먹은 것도 당신이고,
그런 감정을 느낀 것도 당신이고,
그에게 부탁한 것도 당신이다.

필립. C. 맥그로

제8강

실행력 레시피

유비무환의 장래 문제 분석

목표! 실천! 몰입!

실행 결과 되돌아보기

유비무환의 장래 문제 분석

도전하지 않으면 성공했는지 아닌지 조차 알 수가 없다.
필 나이트 (나이키 회장)

외국 기업의 인사들을 만나보면, 일을 하면서 'Plan B'를 항상 세워둔다는 얘기를 한다. 일반적인 계획이 'Plan A'에 해당된다면, Plan B는 '백업 플랜' 또는 '컨틴전시 플랜'으로, 늘 비상 상황에 대응해 사전에 예비 계획을 작성하도록 의무화되어 있다는 것이다. 이러한 관점과 비교해보면 우리는 시나리오식의 사고에 상대적으로 취약하다는 것을 알 수 있다.

해결안을 결정하고 실행계획을 세울 때는 계획이 확실하게 추진될 수 있는 대책을 반드시 세워야만 한다. 호사다마(好事多魔)라고 '좋은 일에는 마가 끼기 쉽다'는 말이 있다. 장미빛 시나리오만을 가지고는 계획의 성공적 실행을 담보할 수 없으므로 유비무환의 자세를 갖는 것이 필요하다. 과거로부터 기마민족은 위험에 직면해 여러 부족들과 전투를 거치면서 척박한 땅에서 식량을 자급자족해 왔던 반면, 농경민족은 계절이 뚜렷하고 불확실성이 적은 환경에서 생활해왔기 때문에 리스크 대비 인자가 부족하다고 한다. 장래 문제의 분석과 대비는 필수적인데 이를 다른 말로는 계획의 확실화 대책, 계획 분석, 잠재 문제 분석, 리스크 분석이라고도 부른다. 여러 가지 문제 해결 기법을 보아도 장래문제에 대한 대비는 다음의 KT 방식을 따르는 것이 일반적이다.

예를 들어 우리가 앞을 보기 어려운 폭우가 오면 운전을 하지 않는 것이 좋다고 하더라도, 사람이 쓰러져 병원에 가야 한다면 상향등과 비상등을 켜고 서행하면서 난관을 뚫고 나가야 한다. 계획이 실행될 때는 여러 가지 어려움이 발생될 수 있으므로 예상되는 문제점들을 예상해서 사전에 치밀한 계획을 세워둔다면 그 심각성을 크게 줄일 수 있을 것이다.

장래 문제 분석 프로세스는 먼저, 달성해야 하는 사항이 무엇인지를 명확하게 하는 데서 출발한다. 그러고 나서 우리가 늘 하던 방식대로 실시 계획을 세운 후 실시 계획 중에서 문제가 일어날 것 같은 위험 영역을 확인한다. 위험 영역은 주로 여러 부문이 같이 참여하는 곳, 경험이 적은 곳, 걱정이 되는 곳, 시간, 경제적 제약이 있는 곳, 겹치는 곳 등을 고려해본다. 그 다음 그 위험 영역에서 어떤 문

[그림8-1] 장래 문제 분석

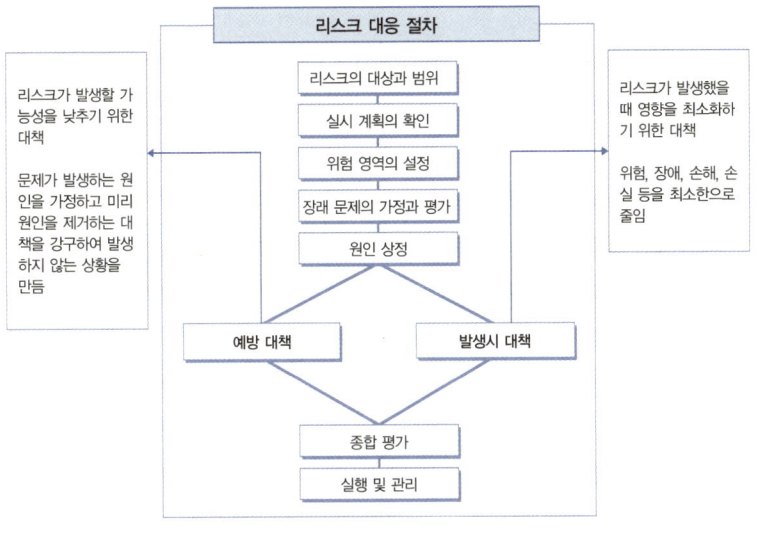

제가 생길 수 있을지를 예상하여 작성한다. 작성된 예상 문제는 어떤 원인에 의해서 발생하는지를 밝히고 각 원인 중에서 어떤 원인이 가장 크게 문제 발생에 기여하는지를 분석한다.

 분석된 중요한 원인에 대해서 사전에 일어날 가능성을 줄이기 위한 예방 대책을 수립한다. 그래도 문제가 발생한다면 그 심각성을 줄이기 위한 발생 시 대책을 수립한다. 예를 들어 우리가 화재에 대한 대책을 세운다면, 전기 누설 점검, 인화물질 관리, 방화 교육, 불조심 표어 등의 예방 대책과 스프링클러, 대피 훈련, 긴급 연락망, 방화문, 보험 등의 발생 시 대책을 세우게 된다. 예방 대책은 가능성을 줄이는 사전 대책에 해당되고, 발생 시 대책은 심각성을 줄이는 사후 대책에 해당된다. 하지만 사후 대책도 문제가 실제로 발생되면 우왕좌왕하고 정신이 없는 상태에 빠지게 되기 때문에, 사전에 특정 시점, 담당자, 조치 내용 등을 미리 정해두어야 한다. 이를 '방아쇠(trigger) 정보'라고 한다. 즉, 언제든지 방아쇠를 바로 당길 수 있는 수준으로 사전에 준비해두어야 실제 상황에서의 혼란을 막을 수 있다는 의미이다.

우리가 중요한 프로젝트나 행사를 추진할 때 사전, 사후 대책까지 치밀하게 세워두고 계획을 추진한다면 문제의 심각성도 줄일 수 있고 심지어 문제 발생 시의 책임 소재까지도 면할 수 있을 것이다.

목표! 실천! 몰입!

> 당신이 할 수 있고 꿈꿀 수 있는 것이 무엇이든 그것을 시작하라. 대담함 속에는 천재성과 마법의 힘이 있다. 지금 당장 그것을 시작하라.
> 괴테

'문제 해결은 그 사람이 지니고 있는 의욕과 눈높이에 비례해서 가능하다'는 말이 있다. 바람직한 문제 해결을 위해서는 목표와 실천과 몰입이 필수적이다. 우선, 효과적인 문제 해결을 위한 첫 번째로 나의 목표의식을 점검해볼 필요가 있다. 내가 평소에 새로운 과제가 생기면 어느 수준으로 목표를 설정하는지, 내 실력의 변화에 맞추어 어떻게 목표를 조정하는지, 수행 성과 수준은 어떠한지, 작은 시행착오에는 어떻게 반응하는지 등을 진단해보고 목표의식을 환기해야 목표 달성의 가능성이 높아진다. 일본 릿쿄 대학의 마사다 박사가 고안한 업무적성 테스트를 활용하면 대체로 그 조직원들의 목표 수준을 점검해볼 수 있다. 대체로 고정적인 과업이나 안정적인 직장의 경우 보수적이고 수동적으로 목표를 설정하는 경우가 많고 경쟁이 심한 업종이나 보직의 경우 강한 목표의식을 보이는 것을 알 수 있다. 문제 해결에 임할 때는 먼저 나의 목표의식이나 의욕 수준을 생각해보고 노력 투입의 정도를 사전에 판단할 필요가 있다.

목표 의식과 더불어 문제 해결에 영향을 미치는 두 번째 절대적인 변수는 실행력이다. GE의 워크아웃 사례를 보면, 워크아웃은 많은 기법들이 동원되는 전사적인 혁신 활동이지만 그 핵심은 의외로 간단해 보인다. 워크아웃의 프로세스는, 약 4주 전에 조직의 핵심적인 비즈니스 이슈를 선정하고 그 이슈에 직결되는 필수적인 참가자들을 부서에 관계없이 선정하여 통보한다. 그리고 4주 후 2~3일 정도의 워크아웃 세션을 갖는데 필요할 경우에는 전문적인 진행자의 도움을 받기도 한다. 워크아웃의 종료 시점에는 의사결정권자가 참석해 토의 결과를 보고 받고 '실행, 불가, 추가 검토' 중 하나로 각 사안에 대한 의사결정을 한다. 그러고 나서 약 90일 정도의 실행 계획을 세워 이를 실천하는 데 역점을 둔다.

결국, 핵심적인 사항은 중요한 과제를 핵심 관련자들이 모여 의견을 내고 바로 의사결정 되어 계획대로 실행했다는 데 그 파워가 있는 것이지 획기적인 어떤 기법이 작용했다고 보기는 어렵다. 흔히 선진 기업에서 하는 어떤 방법론이 유행하면 너도 나도 피상적인 기법을 흉내내는 데만 급급한 경우를 많이 볼 수 있다. 워크아웃뿐 아

[그림8-2] 저자와 GE 잭 웰치 전회장, 크로톤빌에서

니라 고객관계관리(CRM), 균형성과평가(BSC), 식스시그마, 공급사슬관리(SCM), 하다못해 M&A나 전략적 제휴, 블루오션, 사업 다각화, 해외 컨설팅기업의 자문 의뢰까지 남들이 하니까 나도 해야 한다는 식의 유행을 따르는 모습을 많이 볼 수 있다. 하지만 해당 기업에서 성공했던 핵심적 개념이나 실행력을 고려하지 않는다면 원하는 성과를 내는 것이 불가능할지도 모른다.

그리고 문제 해결에 필수적인 세 번째 요소는 요즘 한참 강조되고 있는 몰입이다. 개인이건 조직이건 매 순간 몰입하지 않으면 성과를 내지 못하는 것은 지극히 당연할 것이다. '불광불급(不狂不及)'이라는 말처럼 '미쳐야 미칠 수 있다'는 의미가 몰입을 대변하는 말이

아닌가 싶다. 몰입의 대가인 칙센트미하이 교수에 의하면 몰입은 실력과 목표의 상관관계에 영향을 받는다고 한다. 우리가 목표 수준도 낮고 실력 수준도 낮다면 마치 TV를 시청하는 것처럼 무관심한 상태가 될 것이다. 그러다 좀더 높은 목표를 부여하면 걱정이 되기 시작한다. 그후 실력이 높아져서 그것이 익숙해지면 다시 느긋해진다. 다시 높은 목표를 부여하면 불안해 지고 그것이 익숙해지면 다시 권태로워진다. 따라서 목표와 실력이 팽팽하게 만나는 접점인 몰입의 상태에서 관리가 되어야 계속적인 집중력을 발휘할 수가 있다.

프랑스의 심리학자인 자네는 '시간의 법칙'을 발표했는데 그 내용은 다음과 같다. "생애 가운데 어떤 시기에 일정시간의 심리적 길이는 그 사람의 그때까지의 생애의 길이의 역수에 비례한다. 훗날

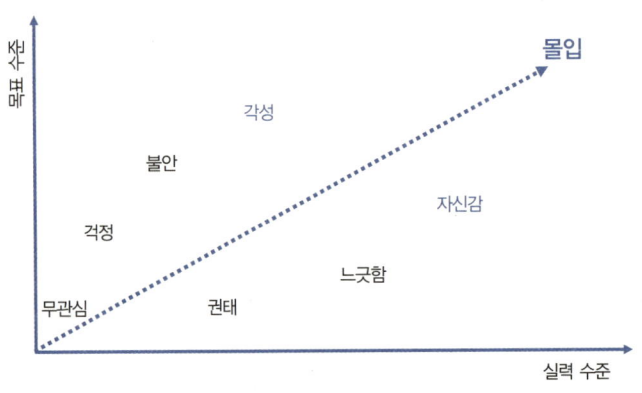

[그림8-3] 칙센트미하이 교수의 몰입 그래프

열정과 꿈이 있던 청춘의 시대가 길게 보이고 그 이후의 시간이 짧게 느껴지는 이유가 여기에 있다. 또한 무엇인가 열중하는 시간은 짧게 느껴지지만 나중에 이것을 돌아보면 길게 보인다. 반면에 지루하고 내용이 공허했던 시간은 그 순간엔 길게 느껴지지만 되돌아보면 짧고 회상할 것이 전혀 없게 느껴진다. 우리가 순간순간에 몰입해야 하는 이유가 여기에 있는 것이다." 물리적인 시간은 불변이지만 심리적인 시간은 나이가 들어갈수록 반비례해서 짧게 느껴지고, 몰입했던 시간은 나중에 회상해보면 내가 행했던 많은 행동과 활동, 이벤트들이 쌓여 있어 회고하는 자체로도 인생이 풍부하다고 느껴진다는 것이다. 우리가 몰입하지 않으면 문제 해결이 어려워질 뿐 아니라 나의 인생까지 허무해진다는 무서운 진실을 알고 각성해야 한다는 의미일 것이다.

조직의 몰입도를 높이는 것과 관련해서 키스 소여는 『그룹 지니어스』라는 책에서 다음과 같은 조건이 충족되어야 집단의 몰입이 가능하다고 주장하고 있다.

- 그룹의 목표: 함께 일하며 지식과 가설을 공유하고 비전과 임무를 공유함
- 경청: 경청하고 할 말을 미리 준비하지 않은 채 본능적으로 답하는 수준이 될 때 상호 활력을 줌
- 완벽한 집중: 그룹의 활동과 그 외의 것들 사이에 경계가 분명

할 때 그룹의 정체성이 생김
- 관리: 멤버들이 스스로의 행동과 환경을 제어할 수 있도록 하는 리더의 존재가 중요
- 자아혼합: 모두 하나가 되고 서로 협력, 논쟁, 피드백을 하며 한 사람처럼 생각하는 신비로운 순간을 경험하는 것
- 동등한 참여: 동등한 참여와 동등한 스킬 수준이 필요
- 친밀감: 너무 친밀해져서 그룹 구성 효과가 떨어지지 않는 수준을 유지해야 함
- 커뮤니케이션: 자유롭고 자발적인 끊임없는 커뮤니케이션
- 앞으로 나아가기: 경청과 이해를 바탕으로 새로운 아이디어를 만들어나가야 감
- 실패 가능성: 실패 없이 창의적인 성과는 없음

몰입의 사례로 떠오르는 것이 약 10여 년 전 LG전자 창원 공장의 사례이다. 이 사업부는 세계적인 컨설팅 업체로부터 가전 사업의 사형선고를 받게 된다. 특히 백색 가전 부문은 수출을 해도 부가가치가 거의 없기 때문에 철수 사업으로 결정이 된 것이다. 그 당시 창원 공장 에어컨 사업부의 혁신 활동 현장에 가보면 많은 임직원들이 밤을 새워 새로운 활로를 찾기 위한 프로젝트에 몰두해 있었다. 그러다 나온 아이디어 중 하나가 천장에 에어컨을 설치하고 하나의 실외기가 가동되는 시스템 에어컨 사업의 진출이었다. 절박한 상황에서

밤잠을 설치면서 나온 아이디어를 살리기 위해 임직원 모두가 헌신했고 몇 년 후 이 사업은 수 조원의 시장으로 성장하게 되었다. 그리고 그 당시 이전의 주문 상표 부착 대신 고유 브랜드를 론칭하면서 세계 1위의 점유율을 지금도 10년 가까이 유지하고 있다. 문제 해결에서 몰입의 힘을 그때처럼 감동적으로 느낀 적도 드물었고, 성공 사례 작업을 해서 전 그룹적으로 공유했을 뿐 아니라 심지어 창원 공장이 GE 경영자들의 벤치마킹 대상이 되기까지 하였다. 문제 해결에서도 목표와 실행과 몰입의 중요성은 아무리 강조해도 지나치지 않다.

퀴즈 하나를 내보자.

콜라 한 병에 100원인 슈퍼마켓이 있다. 그런데 이 슈퍼마켓은 빈 병 두 개를 가져다주면 새 콜라 한 병으로 바꿔주기도 한다. 나에게 지금 1천원이 있다면 최대한 몇 병까지 콜라를 마실 수 있을까?

대체로 이 퀴즈를 강의 중에 내보면 15병부터 시작해서 19병까지 답을 얘기하는 사람들이 나온다. 곰곰이 답을 생각해보면 처음 10병을 사고, 빈 병으로 바꿔 먹는다고 하면 19병까지가 가능한데, 그러고 나면 빈 병 하나가 남게 된다. 이 빈 병 하나도 아까우니까 슈퍼마켓에 들어가서 콜라 한 병을 빌린다. 그 콜라를 마시고 나서 조금 전에 남았던 빈 병 하나와 합쳐서 빌린 콜라를 갚는다. 이 의견은 어떤가? 누구나 19병까지는 얘기할 수 있지만 한 걸음 더 몰입하고 고민해서 20병을 마실 수 있게 하는 사람이 좀더 효과적인 문제 해결자가 아닐까? 우리가 금광을 채굴하면서 많은 고생을 하면서 금이 매장된 곳의 1미터 이전 지점까지 갔지만 거기서 포기해버린다면 그 동안의 노력은 아무 의미도 없는 것이 되고 말지 않을까?

흔히 알려진 솔개의 우화를 보면, 솔개는 수명이 40년이 되면 부리나 발톱이 무디어지고 깃털이 무거워져 더 이상 먹이 사냥이 어려워지면서 갱신할 것인가 말 것인가 하는 결단의 순간을 맞게 된다고 한다. 제 2의 생존에 대한 결심이 서면 산 위로 올라가 먼저 무디어진 부리를 바위에 깨뜨린 후 새 부리가 나올 때를 기다린다. 그러고 나서 뾰쪽해진 부리로 발톱을 뽑고 날카로워진 발톱이 나면 무거운 깃털을 뽑아 새로운 모습이 될 때까지 기다린다. 이렇게 6개월에 걸쳐 몸을 새로 만들고 나면 30년의 후반 생존기를 살아갈 수 있다고 한다. 솔개의 문제 해결에도 결단과 문제 해결의 프로세스, 그리고 고통스런 인내와 몰입의 정신이 스며들어 있다. 가죽을 벗겨 새살을 돋게 하는 것이 혁신의 의미라고 하듯이, 개인이나 조직의 성공이나 경쟁력의 이면에는 촘촘한 문제 해결의 과정이 자리 잡고 있다는 생각이 든다.

실행 결과 되돌아보기

숙고할 시간을 가져라. 그러나 일단 행동할 시간이 되면 생각을 멈추고 돌진하라.
나폴레옹

장래 문제 분석까지 검토되면 해결안을 실행하기 위한 세부 계획을 작성한다. 내용은 주요 활동, 담당자, 시기, 이해 관계자, 소요 예산 등을 작성하되 실행 내용의 난이도를 고려하여 가급적 구체적으로 무엇을, 어떤 목적으로, 언제, 어디서, 누가, 어떤 방법으로 등의 물음에 빈틈없이 답할 수 있도록 만든다. 이때 실행에 필요한 여러 자원(사람, 물자, 돈, 시간 정보)의 현실적 활용 가능성이나 문제 해결 참여자에 대한 동기부여 방안 등을 고려해야 하고, 담당자는 관련 업무에 정통한 직원을 선정하는 것이 바람직하다. 실행 계획은 스마트 원칙을 충족하는지 확인하면서 작성하되, 실행 초기에는 대상을 좁혀 가능한 것부터 진행해보고 그 과정에서 나타난 문제점들을 보완하면서 해결안의 완성도를 높여 일정한 수준에 도달하면 전면적으로 실시하는 것이 좋다. 그리고 실행 시 문제 해결의 목적이 명확히 인식하고 있는지, 문제가 해결 되었을 때의 아웃풋 이미지는 가지고 있는지, 반드시 해결하고자 하는 의지는 가지고 있는지, 자신이 가지고 있지 않거나 부족한 부분에 대한 보완책은 가지고 있는지 등을 검토해야 한다.

실행 과정에서는 실행의 성과를 객관적으로 분석하고, 문제의 재발 방지를 위한 장기적인 대책을 수립한다. 그리고 해결책이 실행과정에서 새로운 문제를 일으키지 않았는지를 확인하고, 과제 해결과정에서 얻은 교훈을 정리해 다른 업무나 조직으로의 확산 방안을 고려해야 한다. 실행 시의 모니터링은 목표달성이 순조롭게 진행되고 있는지, 기한을 지켜서 과제, 활동이 수행되었는지, 담당자가 과제, 활동을 수행하는데 어려움은 없는지, 과제나 활동 별 결과물의 품질은 우수한지, 예상치 않던 돌발 사항이나 애로 사항이 발생하지는 않는지 등을 확인해야 한다. 그리고 사안에 따라서는 여러 부문이 함께 실행해야 할 경우가 많기 때문에 관련 이해 관계자에 대한 사전 조율과 협의 계획이 수립되어야 한다.

그리고 마지막으로는 우리 조직의 핵심 목적, 존재 이유에 해당하는 미션, 우리의 이념이나 가치관, 행동 규범 같은 우리 조직을 구성하고 있는 체계가 문제 해결의 결과에 반영되고 일치하는지를 확인

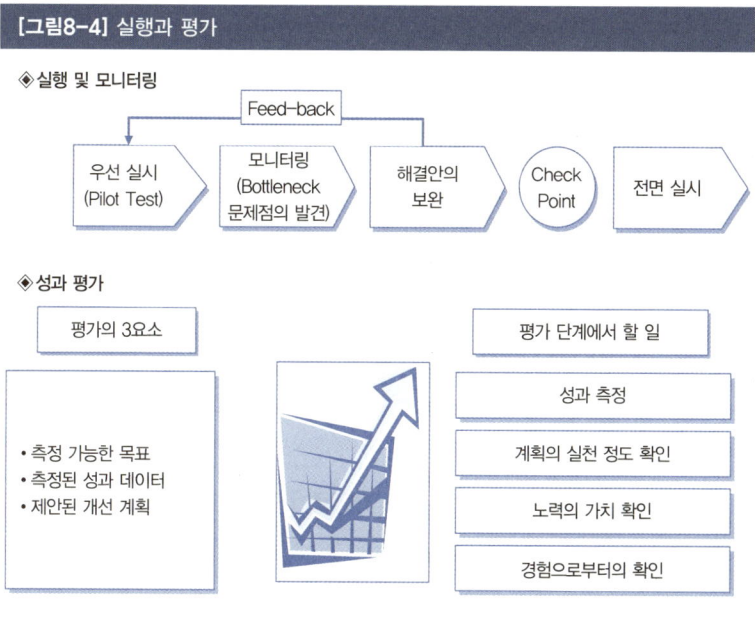

[그림8-4] 실행과 평가

해야 한다. 그리고 우리 조직이 일정기간 후에 달성할 비전, 이를 달성하기 위한 방안인 전략, 전략이 하부전개 된 부문이나 개인의 목표와도 연계되어 있는지를 실행 전에 냉정하게 평가해보아야 한다.

평가와 공유를 위해서는 다음 사항을 고려할 필요가 있다.

- 바람직한 상태가 달성되었는가?
- 문제가 재발하지 않을 것을 확신할 수 있는가?
- 사전에 목표한 납기, 비용 등은 계획대로 지켜졌는가?
- 혹시 또 다른 문제를 발생시키지는 않았는가?

- 해결책이 주는 임팩트는 무엇인지 확인하였는가?
- 해결의 결과가 윤리적으로 문제는 없는가?
- 문제 해결 성과물 중 매뉴얼로 작성하여 관리할 부분은 없는가?
- 파급 효과 측면을 고려할 때 제도화하여야 할 부분은 없는가?
- 전 구성원들에게 시급히 확산시키기 위하여 교육할 부분은 없는가?

아무리 문제 해결 작업이 체계적으로 수행되어도 정확하게 실행되지 않으면 아무 의미가 없다. 우리의 일상생활에서의 많은 계획들도 실행에 실패해서 작심삼일에 그치는 경우를 우리는 너무나도 자주 경험하고 있다. 그래서 매년 1월 3일과 7월 3일을 작심삼일이라고 하지 않는가? 이제 문제 해결 강의를 마무리하면서 새로운 시작을 앞둔 상황에서 한번쯤 생각해볼 만한 우화를 하나 소개한다.

한 예술가가 오랜 수련을 마치고 사부 앞에 꿇어 앉아 블랙벨트를 받는 의식을 거행하고 있었다. 끝없는 인고의 훈련 후에 제자는 마침내 최고 정점의 성취에 도달한 것이다.

사부가 말하기를, "블랙벨트를 주기 전에 너는 마지막 시험에 통과하여야 한다."

"예, 준비되어 있습니다."

제자는 마지막 스파링 라운드일 것으로 기대하면서 대답했다.

"너는 핵심적인 질문에 대답하여야 한다. 블랙벨트의 진정한 의미가 무엇인가?"

"제 여정의 끝이며, 열심히 작업해온 것에 대해 충분히 받을 만한 가치가 있는 보상입니다(The end of my journey, a well-deserved reward for all my hard work)."

사부는 잠시 생각에 잠기더니 이렇게 말했다.

"너는 아직도 블랙벨트를 받을 준비가 덜 되었다. 일 년간 더 수련을 하도록 해라."

일 년 후 제자는 다시 사부 앞에 꿇어앉았다.

"블랙벨트의 진정한 의미가 무엇인가?" 사부는 다시 물었다.

"우리 예술에 있어서 최상의 성취와 목적지의 상징입니다(A symbol of destination and the highest achievement in our art)."

사부는 몇 분간 아무 말도 않더니 다음과 같이 말했다.

"너는 아직도 블랙벨트를 받을 준비가 덜 되었구나. 일 년간 더 수련을 하도록 해라."

일 년 후 제자는 다시 사부 앞에 꿇어 앉았다.

"블랙벨트의 진정한 의미가 무엇인가?"

"블랙벨트는 시작을 의미합니다. 훈련과 일과, 전례 없는 높은 기준을 추구하는 끝없는 여정의 출발점입니다(The black belt represents the beginning the start of a never-ending journey of discipline, work, and the pursuit of an ever-higher standard)."

"좋다, 이제 그만 하산해라. 이제부터 너의 일을 시작하도록 해라."

- 블랙 벨트의 우화, 『Built to last』에서 재인용-

쉬어가는 페이지

지금 시작하십시오

지금 시작하십시오.
내 뜰에 꽃을 피우고 싶으면
지금 뜰로 나가 나무를 심으십시오.
내 뜰에 나무를 심지 않는 이상
당신은 언제나 꽃을 바라보는 사람일 뿐
꽃을 피우는 사람은 될 수 없으니까요.

지금 시작하십시오.
하고 싶은 일이 있으면 지금 시작하십시오.
지금 그 일을 시작하지 않으면
그 일은 당신으로부터 날마다 멀어져
아무리 애써 손을 뻗어도
닿지 않는 날이 가까이 다가오고 있으니까요.

지금 뿌리십시오.
좋은 사람이 되고 싶으면
지금 좋은 생각의 씨앗을 마음 밭에 뿌리십시오.
지금 뿌리지 않으면 내 마음에는 나쁜 생각의 잡초가 자라
나중에는 애써 좋은 생각의 씨앗을 뿌려도
싹조차 나지 않을지도 모르니까요.

'나의 전공은 성공입니다' 중에서

강의를 마치면서

　문제 해결 강의에 적극적으로 참여하시느라 수고 많으셨습니다. 즐거운 학습이 되셨는지요? 인간의 망각 곡선을 보면, 다시 복습하거나 리마인드하지 않을 경우 이틀이 지나면 학습한 내용의 2/3를 잊어버린다고 합니다. 그러므로 앞으로 이틀 안에 이번 강의에서 기억하거나 사후관리 할 사항은 반드시 확인하고 액션을 취하셔야 합니다. 그래서 저는 강의 중에도 중간 중간 떠오르는 아이디어가 있으면 핵심 단어만이라도 책자 아무 곳에나 무조건 적어두라고 말씀드리고 있습니다. 책자만으로 학습할 때도 역시 중요한 곳에는 밑줄도 긋고 필요한 페이지는 접어 두기도 하면서 험하게 다뤄주실 것을 부탁드립니다. 다음에 들춰 보더라도 깨끗한 상태로 보관되어 있으면 어디를 참고할지 괜한 시간만 낭비하게 되니까요.

　일반적으로 사람을 평가하는 기준에는 다양한 방법들이 있습니다. 흔히 지능 지수인 IQ를 활용하기도 하고, 감성 지수 EQ, 잔머리

지수 JQ, 국제화 지수 GQ, 도덕 지수 MQ, 유머 지수 HQ, 디지털 지수 DQ, 인성·정치력·열정 지수인 PQ 등의 지표들이 있지만 교육을 마치면서 가장 강조하고 싶은 지수는 실행지수 PQ(prosecution quotient)입니다. 아무리 의미 있는 자극이 있었더라도 개인적인 변화 계획을 세우고 작은 것부터 실행하지 않는다면 아무 소용이 없기 때문입니다.

우리가 문제 해결의 바다를 한번 건너 왔지만, '일' 과 '사람' 에 대해 우리가 해결해야 할 문제들은 도처에 산적해 있을 것입니다. 어떠한 프로세스로, 어떤 사고법으로 문제 해결의 실마리를 찾든 정면으로 부딪쳐 직면하는 용기가 필요합니다. 용기 있게 출발했더라도 가다가 지쳐 포기하지 않도록 초심을 늘 환기해주시기 바랍니다. 그리고 스티브 잡스 회장이 강조했듯이 '절박함과 함께, 유연함과 함께(Stay hungry, stay foolish)' 의 관점에서 헝그리하게 또는 엉뚱하게, 논리, 전략적으로 또는 창의, 직관적으로, 수직적으로 또는 수평적으로, 유연하게 프로세스 씽킹을 적용해주십시오. 그래야만 이번 강의가 변화와 성과를 기대할 수 있는 하나의 계기로 작용할 수 있을 것입니다.

얼마 전 발간된 공병호 박사의 『미래 인재의 조건』이라는 책자를 보면, 문제 해결 능력을 가장 중요한 인재의 조건으로 꼽는 데 주저함이 없습니다. 이 책자의 일부 내용을 함께 생각해볼까 합니다.

"조직에 몸담고 있든, 아니면 조직을 떠나 자신만의 길을 개척하고 있든 간에 필수적으로 '문제 해결 능력'을 갖춰야 한다. 직업 세계에서 다양한 문제 해결 능력을 제시할 수 있는 능력은 미래 인재의 성공요건 가운데 으뜸에 속한다. (중략) 그리고 제너럴리스트보다는 특정 문제에 대해 정확한 해법을 제시할 수 있는 스페셜리스트 능력에 대한 수요가 늘어날 전망이다. 나는 이를 '솔루션 프로바이더'라고 이름 붙이고 싶다. 나는 문제 해결 능력이란, 기존 이론에다 경험을 더하고 여기에 자신만의 독특한 스타일을 더함으로써 만들어지는 구체적이고 개인적이며 특별하고 실용적인 지식이라고 생각한다. (중략) 다른 능력을 갖지 못했어도 문제 해결 능력만 제대로 갖춘다면, 직업인으로서 삶을 개척해 가는데 큰 문제는 없을 것이다. 그만큼 문제 해결 능력은 대단히 중요하다. 그리고 이런 능력만 갖췄다면 조직을 떠나 홀로서기가 가능하고, 날로 길어지는 노후에 은퇴 없는 삶을 스스로 만들어 가는 일도 가능할 것이다."

지금까지 유쾌하게 문제 해결 강의에 참여해 주셔서 감사합니다. 문제 해결이라는 만병통치의 보약을 드신 여러분들이 앞으로 개인의 문제건 조직의 문제건, 사람의 문제건 일의 문제건, 현재의 문제건 미래의 문제건, 쌈박하게 해결함으로써 개인의 성공과 조직의 발전을 견인해 가실 것을 진심으로 기원하면서 강의를 모두 마치겠습니다. 대단히 감사합니다.

부록

문제 해결 워크시트

문제 해결 프로세스 주요 포인트
문제 해결 워크시트 결과 예시
전략적 문제 해결 프로세스

문제 해결 프로세스 주요 포인트

프로세스	주요 포인트
테마 선정	• 테마가 직무 수행 상의 중요한 과제로 적합한지, 구체적으로 표현되어 있는지, 원인이나 결과를 암시하고 있지는 않은지, 선정의 취지가 잘 제시되어 있는지 등의 사항을 고려하여야 합니다. • 테마의 적절성과 정확한 기술은 문제 해결 단계 중에서 가장 중요한 부분입니다. 정확하게 문제가 정의되면 문제가 반쯤 해결된 것으로 볼 수도 있습니다. • 나의 업무나 조직 상황에 맞게 객관적인 상황 분석 후 테마가 도출되었는지 확인해 보시기 바랍니다. 전략적 관점, FAW, 3C 분석, 비즈니스 시스템 분석, 5 Forces 분석, SWOT 분석, 경영 성과 분석, 7S 분석 등 적용 가능한 개념을 활용해 주시기 바랍니다.
목표 수준/ 기대 효과	• 목표 수준이 적절하고, 조직의 성과에 기여할 수 있도록 SMART(구체적, 측정 가능, 달성 가능, 결과 중심, 기한 명시)하게 표현되어야 결과 평가가 가능하고 전체 프로세스의 속도를 높일 수 있습니다. • 유, 무형의 기대효과를 명확히 하는 것이 아웃풋 중심의 관점에서 필요합니다.
원인 분석	• 원인들이 MECE(중복 없고 누락 없이)적 관점에서 검토되었는지, 근본 원인이 파악되었는지를 판단해 보아야 합니다. 문제의 실체와 원인 기술은 경험적으로 판단되는 가설과 정보 분석을 거칠 때 효율적인 프로세스 전개가 가능합니다. • 로직 트리나 피시본, 5 why 등 적용이 용이한 기법을 활용하되, 문제의 분석은 정확한 사실에 기초한 데이터와 분석이 필수적일 뿐 아니라, 작업의 목적을 항상 리마인드 하면서 전개해야 합니다.
해결 방안 도출	• 중요한 원인에 대한 대책이 포함되었는지, 다양한 관점에서의 해결책이 검토되었는지, 타 경쟁 조직의 활동이 고려되었는지, 조직에 미치는 영향력은 어떠한지를 판단의 근거로 삼을 수 있습니다. • 특히 해결 단계에서는 유연성과 직관성, 문제에 직면해서 시도하는 과정에서 의외의 해결 방안이 도출되기도 합니다. 그리고 실행에 앞서 노력 대비 효과 분석을 거칠 것을 제안합니다.
실행 및 사후 관리	• 세부적인 실행 계획이 작성되고, 실행상에 발생할 수 있는 잠재 문제를 예방하거나 문제 발생 시 심각성을 줄이는 대책이 포함되었느냐에 따라 계획대로의 차질 없는 집행과 실행의 효과성을 높일 수 있습니다. * 실행상 여러 부문이 연결되어 있다면 이해관계자들과의 협의와 조율은 필수적입니다.
작업 전반	• 테마 선정, 문제의 실체 분석, 원인 분석, 해결안 수립, 실행 계획 작성의 문제 해결 프로세스가 하나하나 정확하게 전개되어야 바람직한 문제 해결이 가능해 집니다. 단, 문제의 수준과 범위가 작을 경우 전체 프로세스를 거치지 않고 특정 단계에서 문제 해결을 마무리 할 수도 있을 것입니다. • 작업한 내용에 대한 조직 내 상하 의견 교환과 합의 과정은 해결 방안의 계획적인 실행에 필수적입니다.

문제 해결 워크시트 결과 예시

[WORK SHEET 1] 문제 해결 개요

테마 제목		실행자	
일정		예상비용	

문제의 정의	
현재의 상태	
바라는 목표	

문제의 근본 원인

기대 효과	
유형 효과	
무형 효과	

해결책

이해 관계자 의사소통

잠재 문제 발굴	사전/사후 대책

문제 해결 개요 예시

제목	물류정보시스템 개선안	실행자	
일정(소요시간)	200#.5~200#.12 (8개월)	예상비용	8,000만원

문제의 진술

현재의 상태	물류비가 예산 대비 5%(25억) 초과 발생함 (~200#.4)
바라는 목표	물류비를 예산 대비 10%(50억) 절감함

문제/원인의 분석

- 접수 단계(30%) : Call Center 대응력 부족
- 배송 단계(40%) : 납기 미 준수, 재고 부족/불일치
- 전달 단계(20%) : 담당자 스킬 부족

기대 효과 (물류비 45억 절감)

유형 효과	- 고객 대응 시간 단축 (현 3일 → 2일) - 클레임 감소 (50% 감소 예상) - 고객 이탈률 감소 (5% 예상) - 재구매율 향상(10% 예상)
무형 효과	- 신속도 제고에 따른 고객 서비스 만족도 향상 - 실시간 물류정보 공유로 부서간 업무 협조 증진 - 클레임에 대한 신속 대응으로 이미지 제고

해결책

- 물류 시스템 개선
- 업무 프로세스 개선 (제품 출하, 배송 중간과정 점검)
- 물류 업무 전반에 대한 정보시스템 구축
- 배송 담당자 업무 개선
- 배송 담당자 장비 보완 (통신장비/Scanner)
- 배송자 OJT 강화, 교육 실시 (방문 예절, 인수/확인 절차)
- 고객 접점 서비스 강화
- Call Center 업무 표준화 (클레임 처리, 제품 정보 확인)

이해 관계자 (우선순위)

- Call Center 접수요원(2)
- 물류정보시스템 개발자 (3)
- 제품 출하 담당자(1)
- 제품 구입 고객 (4)

잠재 문제 발굴

- 명절 등 특수 시기의 업무 폭주, 교통 체증

발생 전/후 대책

- 운송, 택배, 퀵서비스사와의 연계망 구축 및 가동

[WORK SHEET 2] 환경 분석

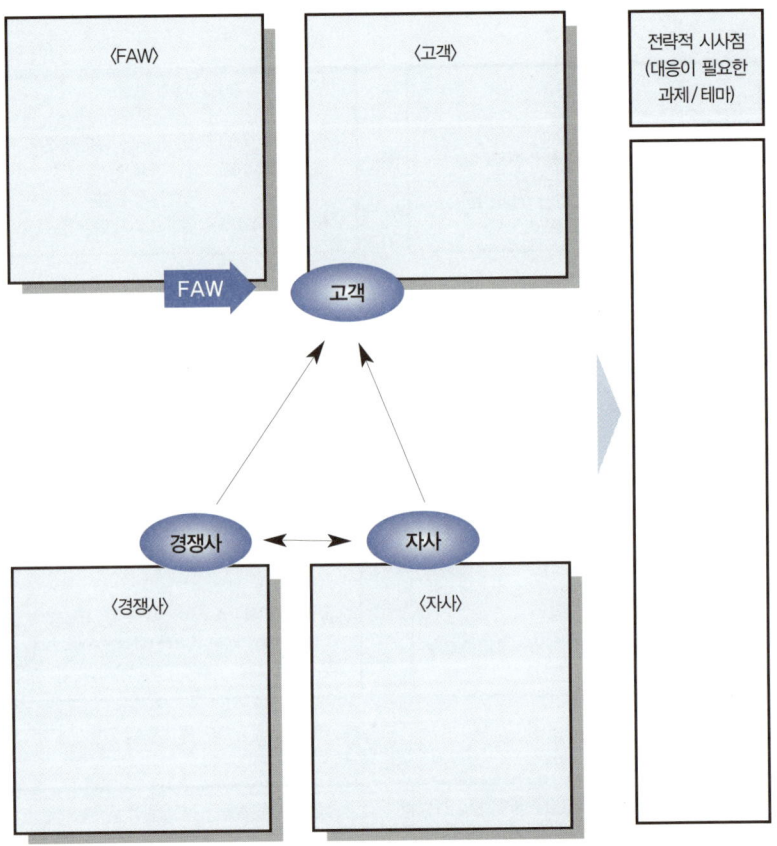

환경 분석 예시

[외부환경 - 좌]
- 보험금 지급 기준 상승으로 인한 손해율 악화
- 임금 상승 및 의료수가 상승으로 인한 단위 보험금 증가
- 교통사고 증가로 인한 절대 손해액 증가
- 방카슈랑스 도입 등으로 인한 업계간 경쟁 심화
- 판매채널 다양화

FAW → 고객

[고객]
- 고객 니즈의 증가
- 손보사간 치열한 서비스 경쟁으로 인한 최상의 보상서비스 요구
- 빈번한 현장 출동 서비스 요구
- 인터넷 확산으로 인한 고객들의 요구수준 향상
- 서비스에 대한 고객 민원 증가

[자사]
- 명예보상위원 운영
- 핸드폰 SMS를 통한 대고객서비스 향상
- 콜센터 담당자들의 업무 지식 습득 능력 부족
- OOO 서비스에 대한 지정업체 부족으로 인한 현장 출동 지연
- 명예보상위원 및 현장출동위원의 적절한 대처 미흡

[경쟁사]
- 중소도시까지 24시간 현장 출동 인원 보강하여 대고객서비스 시행 확대
- 현장 출동 견인서비스 단독 지정업체 운영
- 우수 카센터 지정업체 선정하여 자회사로 편입 운영하면서 고객 서비스 제고
- 막강한 브랜드 이미지
- 성과에만 치중하는 조직 문화

전략 과제

부문 : 보상

현장출동위원에 대한 교육 및 권한 위임으로 현장 출동시 무진단 합의 활성화를 통한 손해액 절감

[WORK SHEET 3] 테마의 설정

이슈 (문제해결 테마)		
테마 선정 사유		
목표수준	현재의 상태 (As is, Actual)	바라는 상태, 목표수준 (To be, Should be)
주요 측정지표		

테마의 설정 예시

이슈 (문제 해결 테마)	재고 관리 수준 향상으로 재고 관련 금융비용 감소 및 장기 불용 재고 최소화로 손익에 반영되도록 함	
테마 선정 사유	당사 재고 금액 수준이 250억~300억으로 재고금액이 크게 증가하고 있으며, 관리 부실로 인한 장기 불용 재고의 발생 소지가 많아 관리가 절실함	
목표 수준	현재의 상태 (As Is, Actual)	바라는 상태, 목표 수준 (To be, Shoul dbe)
	• 재고 수준 : 250~300억 • 재고 일수 : 17일(총재고) • 장기 불용 재고 : 15~20억 수준 • 재고 관련 금융비용 : 연간 15억 수준 • 재고에 대한 중요성 인식 부족	• 재고 일수 기준 조정 • 재고 일수 : 15일 • 장기 불용 재고 : 10억 이하 • 재고 관련 금융비용 : 연간 10억 이하 • 재고의 중요성 인식 고취
주요 측정 지표	1. 재고자산회전율 : 매출액/재고금액 2. 재고 일수 : 365일/재고회전율 3. 장기 불용 재고율 : 장기 불용 재고액/총재고액 4. 금융비용 : 재고 금액×이자율	

[WORK SHEET 4] 정보 분석 계획

이슈	가설	필요데이터	자료원/수집방법	담당	일정

- 이슈: 원인분석이나 과제해결을 위해 검토할 질문으로서, Yes/No로 답할 수 있는 내용
- 필요데이터: 가설의 진위여부를 증명하고 논리적 근거의 타당성을 검증할 수 있는 내용
- 자료원: 분석하는데 필요한 자료를 얻을 수 있는 정보나 Data의 출처
- 수집방법: 최소의 자원투입으로 가장 양질의 정보나 Data를 얻을 수 있는 방법을 기재
- 담당: 분석내용별 분석을 하는 책임을 맡은 사람
- 일정: 분석완료에 필요한 소요시간 또는 납기

정보 분석 계획 예시

필요 수집 정보 (What)	정보원 (Who,Where)	수집 방법 (How)	착안점 및 주요 분석 내용 (Why, How much, When, How)	비고
현재의 고객 만족도 조사	고객, 고객 접점 부서	방문, 전화	- 신 기준에 의한 만족도 평가	CS TFT 멤버
고객 클레임 발생 현황	고객서비스 접점 부서	인터뷰 업무 협조	- 주요 문제점, 개선 방안	고객별/상품별 분석
경쟁사 CS 활동 현황	주간 클레임 리포트	방문, 인터뷰 전화	- 클레임 유형별 원인 및 점유율	당사와 CSI 점수 비교
CS 관련 업무의 프로세스	이탈, 중도 해지 고객	현장 실사/ 인터뷰, 회의, W/S	- 주요 상품별 문제 분석/대책	CS 관련 클레임 현황 참조, 분석
CS 컨설팅 방안	경쟁사 근무 친지, 고객, 대리점, RC	제안서, Presentation	- 효과적 클레임 개선 방안	비용, 컨설팅 방법론 파악
CS 우수 실천자 / 우수 사례	ISO 절차서	인터뷰	- 경쟁사의 CS 수준 및 장/단점	사례집 발간
선진사 Best Practice	고객 접점부서	방문 조사 문헌 조사	- 당사 우위 확보를 위한 방안	CS 정보시스템 포함

[WORK SHEET 5] 문제, 원인, 해결안 로직트리

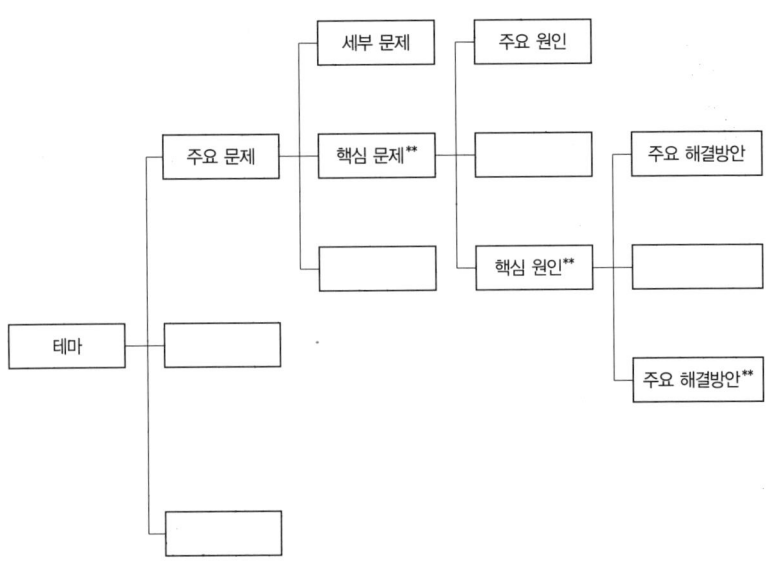

** 영향력이 큰 핵심 문제, 원인, 해결안

문제, 원인, 해결안 로직트리 예시

테마	주요문제	세부문제	주요 원인	주요 해결방안
프로그램 코드의 회사 자산화	프로그램 업무에 대한 인식	코드 품질 저하 **	빠른 수행 강조함 **	코드 품질 요소의 다양화
				코드 이해도
				책임 중복도
				오류 발생 횟수
				수정 용이성
			외부 업체의 컨트롤 어려움	마감일을 고려한 계획적이고 의도적인 협상력 강화
		협업적 요소 문제	빨리 빨리를 요구하는 영업적 요소	발생 가능한 영업요소에 대한 사전 커뮤니케이션
			스태프 부서 인식	전방위 지원부서로서의 인식
			업무에 대한 좁은 시각	지속적 교육을 통한 협업 개선 요소 도출
	중장기 전략의 부재	자체의 중장기 전략 부재	기획적 업무에 대한 중요도 낮게 인식	기획 업무를 필수 업무 요소로 전환
		유관부서의 중장기 전략 부재	단발적 행사성 업무 수행	성과측정을 기반으로 한 중장기 전략에 근거한 업무 수행
		명시적 정책의 부재 **	회사의 정책 문서 미비 **	회사 정책 및 업무 규정에 대한 정의 및 문서화 **
				정책의 공유 및 개선
	기술에 대한 이해도 부족	개체 지향 언어에 대한 이해 부족	기술 전환에 따른 학습시간 소요	지속적 교육을 통한 스킬 향상
		닷넷 기술에 대한 이해 부족	빠른 기술변화에 따른 적응 시간 소요	코드 리뷰를 통한 상향 평준화 **
				필수 기술서적 선정 및 고과 반영
		평생직업으로서의 인식 부족 **	사회 환경적 요소	평생학습을 통한 꾸준한 성장에 대한 지원

[WORK SHEET 6] 해결안의 영향력 평가

해결 방안	우선 순위/영향력 평가					종합 점수	순위
	긴급성	Impact	용이성	Risk	기타(비용 등)		

해결안의 영향력 평가 예시

해결안	중요도 (35%)	난이도 (15%)	경제성 (25%)	적용 가능성 (25%)	종합평가	순위
기능 설계 문서 표준 확립	3	2	3	2	2.6	12
기능 설계 문서 작성	5	3	5	1	3.7	8
유관 부서간 주기적인 협의 미팅 개최	4	4	3	4	3.75	7
문서/소스 변경 이력 자동 추적 Tool 개발	4	2	3	3	3.2	10
초기 Spec Freeze	4	2	4	1	2.95	11
문서 전달 체계 시스템화	3	4	4	4	3.65	9
버그 리포팅 시스템 활용	4	4	4	4	4	3
Test 계획 관련 로드맵 공유	3	5	4	4	3.8	5
각 단계별 문서 통과 기준 표준 확립	5	1	5	5	4.4	2
Risk 분석을 통한 중요 기능 사전 도출	5	4	5	5	4.85	1
중요 기능 기준 확립	5	3	3	4	3.95	4
새로운 Test 기법 개발	4	1	5	4	3.8	5

- 중요도: 사안의 중요성 정도, 사업/고객에게 얼마나 많은 영향을 끼치는가
- 난이도: 기간 및 기술적으로 수행하기 얼마나 어려운가 (높을 수록 낮은 점수부여)
- 경제성: 최소의 비용(예산)이나 인력을 가지고도 추진이 가능한가
- 적용가능성: 해당 사안의 해결 방식을 전사적으로 확대 · 적용 가능한가

[WORK SHEET 7] 세부 실행 계획의 수립

구분	세부 작업 내용	담당자	추진일정											비고
			W1	W2	W3	W4	W5	W6	W7	W8	W9	W10	
데이터 분석	-전산 사용빈도 데이터 분석	○○○	■										
	-1차 미팅: 인터뷰 문항 준비	공통		◆ 7월 3일									
	-포커스 그룹 인터뷰	공통				◆ 7월 10일							
	-포커스 그룹 인터뷰 분석	○○○					■						

세부 실행 계획의 수립 예시

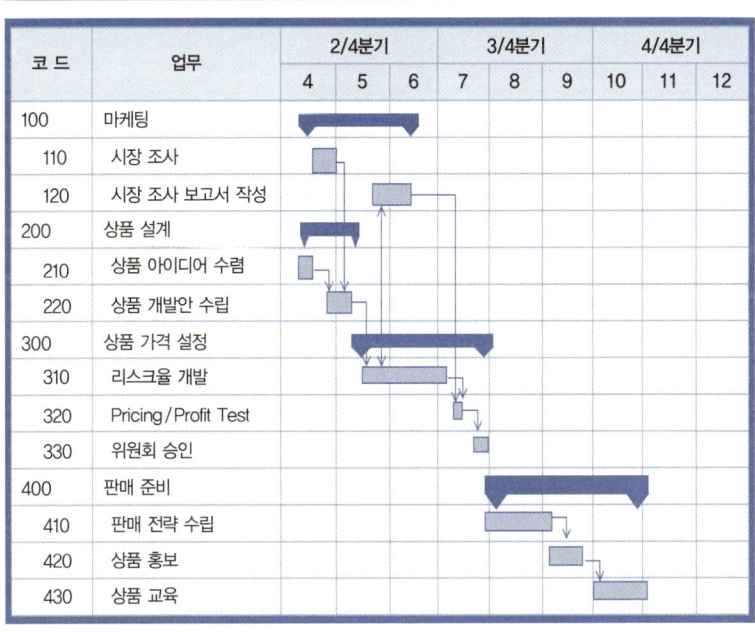

[WORK SHEET 8] 장래문제 분석

◆ 과제명:

잠재문제	분석		예방 대책	발생 시 대책	결행정보
	P	S			

장래문제 분석 예시

실시 계획 : 20xx년 10월 10일 전사 체육대회를 성공리에 실시한다.

중대 영역/ 실시 계획	잠재 문제	P	S	발생 원인	예방 대책	발생 시 대책	결행 정보
7:30 준비사항 최종확인 8:30 대회장 (사장) 인사 9:00 경기 개시	- 사장님이 도착하지 않아 대회장 인사가 불가능	4	7	- 깜박 잊는다 - 교통 사정으로 늦는다 - 사장의 급병	- 당일 아침 6시에 댁으로 전화한다	- 총무 담당 상무가 대신 인사한다	- 8:30이 되어도 사장님이 안 오시면 총무부장이 부탁한다
	- 경기 중 갑자기 비가 와 경기 속행이 어려움	3	10			- 비를 피할 수 있도록 텐트, 우비를 여유 있게 준비한다 - 우천 상황을 보고 도시락을 지급하고 경기를 중단시킨다	- 비가 30분 이상 올 경우 총무부장이 사장님의 승인을 얻어 경기 중단을 선언한다
	- 경기 중 부상자가 발생함	4	6	- 평소의 운동 부족 - 운동장에서 넘어진다 - 운동기구가 쓰러진다	- 2주전부터 사전 운동을 하도록 홍보한다 - 운동장 경비를 철저히 해둔다 - 운동기구의 안전성을 재확인 한다	- 간호사가 조치한다 - 병원으로 이송한다 (당일 문을 여는 병원을 조사해 둔다)	- 간호사가 상태를 보고 판단, 조치한다

전략적 문제 해결 프로세스

□ Step 1 : 사업의 정의

□ Step 2 : 외부(거시 경제 환경:Macro Economic Environment) 분석
  ❶ 우리의 사업에 어떤 일이 일어나고 있는가?
  ❷ 현재의 경기는 어떠하며, 경기 변화의 주기나 시점은 어떠한가?
  ❸ 경기 변화의 배경이나 전제 조건은 무엇인가?
  ❹ 우리의 사업에 미치는 영향은 무엇인가?

□ Step 3 : 사업의 구조적 매력도(Structural Attractiveness) 분석

-Michael Porter-

	경쟁자(Industry Competitors)	잠재적 진입자의 위협(Threats of Potential Entrants)	공급자에 대한 영향력(Bargaining Power over Suppliers)	구매자에 대한 영향력(Bargaining Power over Buyers)	대체재의 위협(Threats of Substitutes)	산업의 전반적 매력도 평가(Overall Attractiveness)
과거						
현재						
미래						

※ 미래 산업의 예측 시 Best, Worst Scenario 고려
※ 5 Forces의 가중치 검토

□ **Step 4 : 사업 분석시의 고려사항**

■ 해당 사업에서 가치창출(Value Creation)이 가능한가?

　Value 〉 Price 〉 Cost

■ 우리가 속한 전략적 그룹(Strategic Group)은 어디인가?

　제품, 고객, 가격, 마케팅, 기술, 품질, 시장, 브랜드 이미지 등 전략에 따른 Matrix 설정/분석

■ 산업의 주기(Industry Life Cycle)는 어떠한가?

　유아기 – 성장기 – 격동기 – 성숙기 – 쇠퇴기

■ 진입 장벽(Entry Barriers)이 있는가?

　❶ 규모의 경제가 있는가?

　❷ 브랜드 이미지는 어떠한가?

　❸ 규제가 있는가?

　❹ 절대 비용 우위가 있는가?

■ 사업 내부의 경쟁정도는 어떠한가?

　❶ 경쟁 구조(분산화 된 산업 vs. 집중화 된 산업)는?

　❷ 수요 조건은?

　❸ 퇴출 장벽(Exit Barriers) : 경제적 장벽, 전략적 장벽, 감정적 장벽은?

□ **Step 5 : 전략의 개발**

■전략적 Frame:

WHO	WHAT	HOW
"우리의 고객(시장)은 누구인가?"	"무슨 제품(서비스)을 제공하고 있는가?"	어떻게 전략을 실행할 것인가?

■장기, 중기, 단기 전략(3 Level Strategy)

■전략 격차(Strategy Gap)

■전략 혁신(Strategic Innovation) 방안
  ❶ 게임 법칙의 변화(Changing Rule of the Game)
  ❷ 산업내 기준의 타파(Breaking Industry Norm)

WHO	WHAT	HOW

□ **Step 6 : 전략 선택시의 고려 사항**
■일반적인 전략(Generic Strategies)
　❶ 저가 전략(Low Cost Strategy)
　❷ 차별화 전략(Differentiation Strategy)
　❸ 집중화 전략(Focus Strategy), 가치 혁신(Value Innovation) 전략
■사업 부문의 경쟁력 분석: 과거 - 현재 - 미래

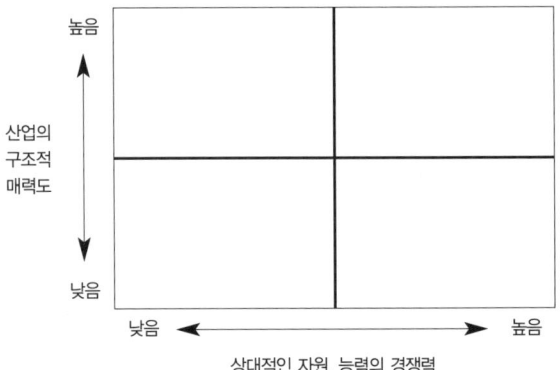

■전략적 의도(Strategic Intent)가 있는가?
■단계별 진입 전략(Sequential Entry, Stepping Stone)은 어떻게 할 것인가?
■포트 폴리오(Portfolio) 분석은 어떠한가?

□ Step 7 : 내부 분석(Internal Analysis)

	사업의 KSFs	전략	사업에서 요구되는 자원과 능력 (Required Resources & Capabilities)	경쟁자의 R&C상의 강점	우리의 R&C상의 강점	R&C Gap
과거						
현재						
미래						

■ 우리의 핵심적인 R&C는 무엇이며, 그 위계는 어떻게 되어 있는가?
■ R&C의 Gap을 어떻게 메울 것인가?
■ 어떤 전략, 어떤 Action Plan을 가져갈 것인가?

※ 사업에서 요구되는 R&C에 따라 경쟁자 등 다음 평가 항목은 상대적인 평가를 함.

□ Step 8 : 비즈니스 시스템 분석

고객 / 시장 Needs								
경쟁사의 강약점								
성공의 요건 (KFS 추출)								
자사의 강약점								
전략적 의미는?								

※ Business System: 상품, 서비스가 고객에게 도달할 때까지의 주요 기능, 조직을 Input과 Output의 개념으로 보며 개선, 재설계, 신규 설계의 목적으로 분석함

□ Step 9 : 내부 분석(Internal Analysis)시의 고려사항

■회사 차원의 경쟁력 분석: 과거 – 현재 – 미래

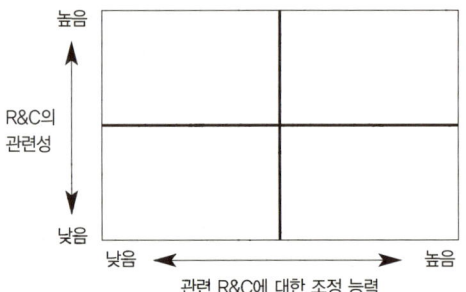

■사업 다각화 방안
 – 요구되는 자원과 능력이 유사한 관련 다각화인가?
 – 자원의 공유나 지식의 전이를 통한 시너지의 창출이 가능한가?
■비즈니스 시스템, Value Chain 분석

□ **Step 10 : 예상되는 장애요인과 극복방안**

■Commitment 검토

"고객, 공급자, 자금 제공자(Owner), 조직원의 Commitment는 무엇인가?"

고객	공급자	자금 제공자	조직원

"우리의 전략과 Commitment가 일치하는가?"

"일치하지 않는다면 재협상을 위해 어떤 조치들을 취할 것인가?"

■Process 검토

	전략	핵심 프로세스 (Key Process)	핵심 성과지표 (Key Measures)
전략적 프로세스 (Strategic Process)			
의사결정 프로세스 (Decision Making Process)			
운영 프로세스 (Operating Process)			

"우리의 전략과 프로세스가 일치하는가?"

"일치하지 않을 때 어떤 구체적 Action을 취할 것인가?"

■기업 가치, 사명, 비전의 검토

■조직 관성, 조직내 통제/조정 시스템 검토

□ **Step 11 : 혁신의 프로세스 점검**

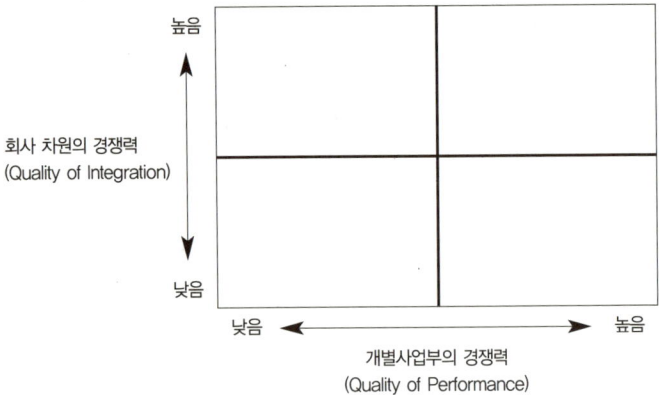

- ■ 조직의 맥락(Context)
- ■ Will vs. Skill수준의 검토
- ■ 변화 행동
    - Head("What to do?")
    - Hands("How to do?")
    - Heart("Why to do?")
- ■ 변혁 과제의 구체화와 실행계획
    - 전략적 과제(Strategic Challenge)
    - 조직적 과제(Organizational Challenge)
    - 관리적 과제(Managerial Challenge)

□ **Step 12 : 실행계획의 수립(7S)**

구분	문제점	실행 계획
전략(Strategy)		
조직구조(Structure)		
운영체제(System)		
인재(Staff)		
조직 풍토(Style)		
조직 능력(Skill)		
상위목표(Super-ordinate Goals) 또는 공유가치(Shared Value)		

프로세스 씽킹
- 문제 해결의 기술
ⓒ 강재성 2009

| 1판 1쇄 | 2009년 3월 20일 |
| 1판 8쇄 | 2018년 10월 22일 |

지 은 이	강재성
펴 낸 이	김승욱
편 집	김승관 김민영
디 자 인	박진범 정연화
마 케 팅	최향모 강혜연 이지민
펴 낸 곳	이콘출판(주)
출판등록	2003년 3월 12일 제406-2003-059호

주 소	10881 경기도 파주시 회동길 455-3
전자우편	book@econbook.com
전 화	031-8071-8677
팩 스	031-8071-8672

ISBN 978-89-90831-66-8 13320

이 도서의 국립중앙도서관 출판시도서목록(CIP)은 e-CIP 홈페이지(http://www.nl.go.kr/ecip)에서 이용하실 수 있습니다.(CIP제어번호: CIP2009000755)